PRINCIPES DU DROIT DE LA GUERRE

ROUSSEAU
À LA MÊME LIBRAIRIE

ROUSSEAU, *Discours sur l'économie politique*, édition, introduction et commentaire sous la direction de B. Bernardi, 224 p., 2002.

ROUSSEAU, *Du contract social ou Essai sur la forme de la République* (Manuscrit de Genève), texte établi par B. Bernardi avec E. Murgia et J. Swenson, commentaire sous la direction de B. Bachofen, B. Bernardi et G. Olivo, 256 p., 2012.

ROUSSEAU, *Principes du droit de la guerre* et *Écrits sur la paix perpétuelle*, sous la direction de B. Bachofen et C. Spector, édition nouvelle et présentation de l'établissement des textes par B. Bernardi et G. Silvestrini, 342 p., 2008.

ROUSSEAU, *Lettres philosophiques*, choix de lettres présentées par H. Gouhier, 232 p., 1974.

BIBLIOTHÈQUE DES TEXTES PHILOSOPHIQUES

Fondateur H. GOUHIER   Directeur J.-F. COURTINE

J.-J. ROUSSEAU

PRINCIPES DU DROIT
DE LA GUERRE

Texte établi, annoté et commenté

par

Bruno BERNARDI et Gabriella SILVESTRINI

PARIS

LIBRAIRIE PHILOSOPHIQUE J. VRIN

6, Place de la Sorbonne, V^e

2014

© *Librairie Philosophique J. VRIN*, 2014

Imprimé en France

ISSN 0249-7972
ISBN 978-2-7116-2559-8

www.vrin.fr

INTRODUCTION

Lors de son séjour à Venise, en 1743-44, Rousseau avait formé le projet d'écrire un « grand ouvrage » intitulé *Institutions politiques* qui devait comporter une partiè consacrée aux « relations externes » des États[1]. Ce projet s'inscrivait dans le prolongement des traités « du droit de la nature et des gens » qui s'étaient multipliés depuis le XVIIe siècle et dont les plus connus sont dus à Hugo Grotius, Samuel Pufendorf, Christian Wolff et Jean-Jacques Burlamaqui[2]. Selon la distribution des matières qui, à partir de Pufendorf, s'était imposée à ceux

1. Voir le récit des *Confessions*, L. IX, dans J.-J. Rousseau, *Œuvres complètes*, B. Gagnebin et M. Raymond (dir.), « Bibliothèque de la Pléiade », 5 vol., Paris, Gallimard, 1959-1995 [dans la suite OC I à OC V], I, p. 404.
2. Hugo Grotius (1583-1645), *De Jure Belli ac Pacis* (1625), trad. fr. J. Barbeyrac, *Le droit de la Guerre et de la Paix*, Amsterdam, Pierre De Coup, 1724; rééd. Université de Caen, 1984. Samuel Pufendorf (1632-1694), *De Jure Naturae et Gentium* (1672), trad. fr. J. Barbeyrac, *Le droit de la nature et des gens*, Amsterdam, Henri Schelte, 1706, cité ici dans l'édition de Bâle, E. et J. R. Thourneisen, 1732; rééd. Université de Caen, 1987. Christian Wolff (1679-1754), *Principes du droit de la nature et des gens, extrait du grand ouvrage latin de M. de Wolff* par M. Formey, Amsterdam, M.-M. Rey, 1758. Jean-Jacques Burlamaqui (1694-1748), *Principes du droit politique*, Genève, Barrillot et Fils, 1751.

qu'on qualifiait de « jurisconsultes », l'étude des rapports entre les États constituait la partie conclusive de l'étude du droit politique. Cet ordre est celui que suit Rousseau lorsque, dans la longue digression sur les voyages qui figure au livre V de l'*Émile,* il présente le plan de ce qu'auraient dû êtres ses *Institutions politiques*[1] : il commence par exposer les « principes de droit politique » qui concernent la « constitution » des États pour détailler dans un second temps les matières à traiter concernant les rapports des États entre eux[2].

Toutefois, une note de l'*Émile* rédigée en 1761 précise que le « grand ouvrage » autrefois entrepris ayant été abandonné depuis longtemps, l'auteur s'est résolu à n'en publier qu'un extrait : un petit traité ayant pour titre *Du contrat social* et dont le texte de l'*Émile* donne le « sommaire »[3]. Les deux ouvrages furent finalement diffusés presque en même temps. Or le *Contrat social* se limite à évoquer dans son dernier chapitre et sous la forme d'une liste lapidaire les matières qu'aurait dû traiter la section qui porte sur les relations entre États :

> Après avoir posé les vrais principes du droit politique et tâché de fonder l'État sur sa base, il resterait à l'appuyer par ses relations externes ; ce qui comprendrait le droit des gens, le commerce, le droit de la guerre et les conquêtes, le droit public, les ligues, les négociations, les traités etc. Mais tout

---

1. La section *Des voyages* occupe une grande partie du livre V de l'*Émile*, OC IV, p. 826-855. L'exposé sur le droit politique en constitue le centre, OC IV, p. 836-849.

2. Ce passage est reproduit *infra*, p. 71-72.

3. Cette note correspond au texte liminaire publié en tête du *Contrat social*.

cela forme un nouvel objet trop vaste pour ma courte vue ; j'aurais dû la fixer toujours plus près de moi [1].

En renonçant à mener à bien la rédaction complète du grand ouvrage qui aurait du « mettre le sceau » à sa réputation, Rousseau avait donc pris la décision d'abandonner ses recherches sur la politique et le droit internationaux.

Pour pallier ce manque et comprendre la pensée de Rousseau sur les relations internationales, on s'est depuis longtemps employé à en reconstituer l'unité en formant une sorte de mosaïque à partir des tesselles disparates dont on pouvait disposer : aussi bien les observations éparses dans ses ouvrages publiés que divers fragments manuscrits touchant la thématique de la guerre qui avaient été découverts à la fin du XIXe siècle [2]. Pour établir cette reconstitution, on a souvent assigné une place centrale aux seuls textes concernant les relations internationales que Rousseau avait achevés : ses écrits sur le *Projet de paix perpétuelle* de l'abbé de Saint-Pierre [3]. Cela paraissait d'autant plus naturel que le lien thématique entre les « maux » dont la guerre est la source et les « remèdes » pour garantir la paix représentés par les ligues et confédérations est attesté par Rousseau dans l'*Émile* [4]. C'est en suivant

---

1. *Contrat social*, L. IV, chap. IX, OC III, p. 470.

2. Voir E. Dreyfus-Brisac, *Du Contrat social*, Paris, Alcan, 1896, p. 304-319.

3. L'*Extrait du projet de paix perpétuelle de l'Abbé de Saint-Pierre* a été publié du vivant de Rousseau, en 1761 ; le *Jugement* qui en est le complément est paru de façon posthume, en 1782, dans l'édition de ses *Œuvres Complètes* établie par Moultou et DuPeyrou.

4. Voir *infra*, p. 72. Dans cette optique voir M.-J. Windenberger, *Essai sur le système de politique étrangère de J.-J. Rousseau. La République confédérative des petits États*, Paris, Picard et fils, 1899.

cette perspective que, dans le volume III de la collection de la Pléiade consacré aux *Écrits politiques* de Rousseau, Sven Stelling-Michaud a rangé parmi les *Écrits sur l'abbé de Saint-Pierre* divers fragments sur la guerre ainsi qu'un texte plus ample intitulé *Que la guerre nait de l'état social* qui est conservé à la Bibliothèque de Neuchâtel. Ce choix éditorial s'appuyait sur la conviction que «ce que Rousseau a écrit sur les fondements de l'ordre social [...] sur les relations entre les États, sur le problème de la guerre et de la paix, doit être rattaché à son dialogue posthume et passionné avec l'auteur du *Projet de paix perpétuelle*»[1]. Cette conviction n'était pas universellement partagée, mais le caractère inabouti, parfois confus, des fragments sur la guerre rendait difficile la discussion à ce sujet.

Toutefois, en 1965, un élément nouveau est apparu qui a permis de changer radicalement l'état de la question. La Bibliothèque de Genève acquiert à cette date un manuscrit inédit de Rousseau découvert par Bernard Gagnebin, qui le publie d'abord séparément, puis en appendice à la deuxième édition du volume III des *Œuvres complètes*, sous le titre «Guerre et état de guerre»[2]. D'emblée, Gagnebin comprend qu'il faut rapprocher ce manuscrit de celui sur la guerre conservé à Neuchâtel, en raison de leur homogénéité matérielle et de leur proximité thématique[3]. Pour lui, ces deux textes doivent être

---

1. OC III, p. cxx.

2. B. Gagnebin, «Un inédit de Rousseau sur l'état de guerre», dans *De Ronsard à Breton. Recueil d'essais. Hommages à Marcel Raymond*, Paris, Librairie José Corti, 1967, p. 103-109; OC III, 1972, p. 1899-1904.

3. Le manuscrit de Genève est une feuille pliée en deux comprenant 4 pages manuscrites; il est conservé au Département des manuscrits de la Bibliothèque de Genève, sous la côte Ms. fr. 250/I/i. Le manuscrit conservé à la

rattachés au projet de publication dont Rousseau parle dans une lettre de mars 1758 à son éditeur, Marc-Michel Rey, lorsqu'il évoque « mes principes du droit de la guerre ». Au demeurant, si cette lettre fait état de tractations engagées pour publier à part cette section détachée des *Institutions politiques*, c'est pour avouer que cet ouvrage n'est pas encore prêt[1].

Grace Roosevelt a donné un premier prolongement à la suggestion de Bernard Gagnebin en lisant les manuscrits de Genève et de Neuchâtel comme les deux parties d'un même texte[2]; cependant le nouvel agencement qu'elle proposait en travaillant sur les textes imprimés, tout en étant éclairant, n'était pas vraiment conclusif. Dans le cadre d'une recherche collective conduite par le Groupe Jean-Jacques Rousseau, nous avons repris l'étude à partir des manuscrits et avons pu démontrer par des preuves incontestables l'unité matérielle des deux ensembles textuels et reconstituer l'ordre exact de succession des quatre feuilles pliées en deux (seize pages) qui composent un unique cahier[3]. Il s'agit d'un brouillon, très

Bibliothèque Publique et Universitaire de Neuchâtel sous la côte R32 est composé de trois feuilles de la même taille, pliées chacune en deux et formant en tout 12 pages.

1. *Correspondance complète de J.-J. Rousseau* (désormais cité CC), éd. R.-A. Leigh, Genève-Oxford, The Voltaire Foundation, 1965-1998, t. V, n. 626, 9 mars 1758.

2. G. G. Roosevelt, « A Reconstruction of Rousseau's Fragments on the State of War », *History of Political Thought*, VIII (1987), n. 2, p. 225-244.

3. Voir J.-J. Rousseau, « Principes du droit de la guerre », texte établi et présenté par B. Bernardi et G. Silvestrini, dans *Annales de la Société Jean-Jacques Rousseau*, XLVI (2005), p. 201-280. Nous avons réédité le texte dans J.-J. Rousseau, *Principes du droit de la guerre. Écrits sur la paix perpétuelle*, B. Bachofen et C. Spector (dir.), B. Bernardi et G. Silvestrini (éd.), Paris, Vrin, 2008, p. 19-81. Pour une histoire détaillée de la reconstitution du manuscrit (et

raturé et parfois très difficile à déchiffrer mais sans doute repris et corrigé par Rousseau dans l'intention de le publier, comme l'atteste le soin graphique et rhétorique qu'il consacre à l'*incipit*: «J'ouvre les livres de droit et de morale [...]». En outre, malgré le caractère inachevé du brouillon dont témoigne surtout la dernière page (l'écriture remplit tout l'espace disponible, marges comprises), le texte manifeste une incontestable cohérence et atteste le caractère systématique d'une réflexion que l'on considérait jusque là sporadique et fragmentaire. Ce «nouveau» texte de Rousseau est dépourvu de titre mais on peut le considérer justement comme la première partie des *Principes du droit de la guerre* mentionnés par la lettre à Rey. Il permet non seulement de mieux éclairer la théorie rousseauiste de la guerre et des rapports entre les États, mais il apporte plus largement une contribution nouvelle à l'interprétation de la pensée de l'auteur du *Contrat social* et à la reconstruction de la genèse de son œuvre politique.

Un premier élément important concerne la datation des ouvrages de Rousseau et par conséquent l'histoire de sa pensée. En effet, dans le manuscrit des *Principes du droit de la guerre*, Rousseau développe sa définition de la guerre en se

la contribution importante qu'y a apportée Blaise Bachofen), nous renvoyons à la présentation de ces deux éditions qui donnent également une bibliographie approfondie. Ce «nouveau» texte de Rousseau a été traduit en allemand, M. Bloch, «Möglichkeit und Unmöglichkeit internationaler Politik. Rousseaus Auffassung des Krieges», in *Deutsche Zeitschrift für Philosophie*, LVIII (2010), n. 2, p. 288-317; en portugais, J.-J. Rousseau, *Princípios do direito da guerra*, éd. par E. Becker, in *Trans/Form/Açao*, Marilia, XXXIV (2011), n. 1, p. 149-172; en anglais, in J.-J. Rousseau, *Of the Social Contract and Other Political Writings*, trad. angl. Q. Hoare, éd. C. Bertram, London, Penguin Books, 2012, p. 149-168; en italien, J.-J. Rousseau, in «Principi del diritto di guerra», G. Silvestrini (éd.), *Filosofia politica*, XXVI, 2012, n° 2, p. 179-190.

référant aux concepts de pacte social et de volonté générale. Or le concept de volonté générale apparaît pour la première fois sous la plume de Rousseau dans le manuscrit de l'article *Économie politique*, qui remonte au plus tôt au printemps 1755[1]. Il s'en suit que le brouillon sur la guerre ne peut être antérieur à cette date. En outre, il est manifeste que les interlocuteurs de Rousseau sont ici en premier lieu Hobbes et les « jurisconsultes ». Comme le démontrent les fragments que nous publions en annexe, c'est également le livre de Grotius, *Le droit de la guerre et de la paix*, que Rousseau a sur sa table quand il travaille, car il le cite de manière très précise. En revanche, la question des confédérations et de la paix perpétuelle n'est jamais évoquée, aucun renvoi à l'Abbé de Saint-Pierre n'est effectué. On est donc conduit à conclure que Rousseau développe ses idées sur la guerre et l'état de guerre avant d'aborder sérieusement le travail sur les écrits de l'abbé de Saint-Pierre. L'*Extrait* et le *Jugement* remontant à une période comprise entre l'hiver et le début de l'été 1756, la rédaction du brouillon sur les *Principes du droit de la guerre* doit se situer entre l'été 1755 et le printemps 1756[2].

La comparaison entre le brouillon des *Principes du droit de la guerre* et le *Manuscrit de Genève*, soit la première version du *Contrat social*, permet de poser un autre jalon : la rédaction de la plus grand partie de ce manuscrit doit précéder le brouillon des *Principes du droit de la guerre* et remonter également à la période comprise entre l'été 1755 et le printemps

1. Voir B. Bernardi, *Introduction*, dans J.-J. Rousseau, *Discours sur l'économie politique*, B. Bernardi (dir.), Paris, Vrin, 2002, p. 24-27.

2. Sur cette datation voir B. Bernardi et G. Silvestrini, *Histoire d'une reconstitution*, dans J.-J. Rousseau, *Principes du droit de la guerre, op. cit.*, p. 230-232.

1756. D'une part, du point de vue matériel, deux passages rajoutés après coup au texte du *Manuscrit de Genève* ont leur source dans les *Principes du droit de la guerre,* le plus important étant un fragment sur la guerre qui correspond à une formulation intermédiaire entre les *Principes du droit de la guerre* et la version définitive du *Contrat social*[1]. D'autre part, du point de vue de l'argumentation, les *Principes du droit de la guerre* reprennent et développent trois noyaux conceptuels tenant à la question de la guerre qui sont déjà abordés dans le *Manuscrit de Genève :* la critique de la théorie hobbesienne de l'état de guerre, la critique des doctrines qui justifient l'esclavage par le droit de la guerre, enfin l'idée que les relations externes influent sur la (bonne ou mauvaise) constitution du corps politique.

La réflexion de Rousseau sur la guerre, loin d'avoir été sollicitée par la lecture des ouvrages de l'abbé de Saint-Pierre, s'inscrit dans la continuité d'un mouvement de pensée qui, depuis les deux *Discours*, vise à renverser à la fois « l'horrible système de Hobbes » d'une guerre naturelle entre les hommes et les théories « consolatrices » des jurisconsultes qui supposent l'existence d'une société naturelle du genre humain. La guerre n'est pas, selon Rousseau, ce que nous évitent les institutions sociales, encore moins un accident secondaire de

---

1. Voir le fragment que nous donnons *infra*, p. 62-63. L'autre passage concerne l'exemple des Tarentins évoqué à la fin du manuscrit et qui sera repris d'une autre façon dans la première version du chapitre sur la religion civile. Voir J.-J. Rousseau, *Du contract social ou Essai sur la forme de la République (Manuscrit de Genève)*, B. Bernardi, E. Murgia et J. Swenson (éd.), commentaires B. Bachofen, B. Bernardi et G. Olivo (dir.), « Textes & Commentaires », Paris, Vrin, , 2012, p. 97 ; le texte se retrouve dans la version définitive du *Contrat social*, L. IV, chap. VIII, OC III, p. 461-462.

l'histoire qui pourra être surmonté grâce à l'avènement d'un nouvel ordre social fondé sur un contrat social véritable : elle est, au contraire, le plus funeste des maux infligés aux hommes par la formation des corps politiques et dont sont également atteintes les républiques bien ordonnées.

Identifier cette dernière thèse –elle apparaît comme un apport essentiel des *Principes du droit de la guerre* au « système » de Rousseau – demande de reprendre à nouveau frais l'interprétation de la pensée politique d'un auteur que l'on a souvent considéré comme l'annonciateur des universalismes révolutionnaires ou réformateurs, l'avant-coureur de Robespierre ou de Kant. C'est le sens même du *Contrat social* qui se voit par là remis en question : quelle place et quelle espérance de survie peut avoir une société, même légitime, à l'intérieur d'une réalité internationale fondamentalement définie par l'état de guerre qui règne nécessairement entre États ? Comment comprendre la cohérence d'une pensée qui ne ferme pas le cercle de la contradiction qui nait de la distinction irréductible de l'homme et du citoyen et renonce donc à indiquer la façon d'atteindre la « perfection de l'ordre social » ? Ce sont ces questions que nous cherchons à aborder dans les deux brefs essais interprétatifs qui accompagnent ce volume[1].

Bruno BERNARDI et Gabriella SILVESTRINI

---

1. Nous ne pouvons que renvoyer, pour compléter la lecture de ces essais, à celle du volume collectif : J.-J. Rousseau, *Principes du droit de la guerre. Écrits sur la paix perpétuelle*, *op. cit.*, et en particulier aux commentaires rédigés par B. Bachofen et F. Guénard.

AVERTISSEMENT SUR CETTE ÉDITION

Le texte que nous présentons sous le titre *Principes du droit de la guerre* est celui d'une œuvre dont Rousseau ne nous a laissé qu'un brouillon inachevé (voir notre introduction). Pour un établissement détaillé de ce manuscrit permettant de suivre toutes les étapes de sa rédaction on consultera : J.-J. Rousseau, *Principes du droit de la guerre, écrits sur le Projet de paix perpétuelle de l'Abbé de Saint-Pierre,* édition établie et présentée par B. Bernardi et G. Silvestrini, commentaire sous la direction de B. Bachofen et C. Spector, Paris, Vrin, *Textes et Commentaires*, 2008. Le présent volume étant destiné à un plus large public, l'orthographe est modernisée, la ponctuation discrètement modifiée et les premiers états de la rédaction ne sont signalés que lorsqu'ils ont paru particulièrement éclairants. On trouvera, en note également, les renvois internes à l'œuvre de Rousseau et les informations nécessaires au lecteur d'aujourd'hui.

Nous avons suivi les mêmes principes pour la présentation de différents fragments qui accompagnent ce texte principal : tirés d'autres manuscrits de Rousseau, ils portent également sur la thématique de la guerre.

Enfin, nous avons cru utile de joindre à ces textes deux passages concernant le droit de la guerre qui, à la différence des textes précédents, ont été publiés par Rousseau : ils sont tirés du *Contrat social* (livre I, chap. IV) et de l'*Émile* (livre V).

Sauf indication contraire, les références aux œuvres de Rousseau sont données dans l'édition de ses *Œuvres complètes*, sous la direction de B. Gagnebin et M. Raymond, « Bibliothèque de la Pléiade », 5 volumes, Paris, Gallimard, 1959-1995, notés OC I à OC V.

JEAN-JACQUES ROUSSEAU

PRINCIPES DU DROIT DE LA GUERRE

J'ouvre les livres de droit et de morale, j'écoute les savants et les jurisconsultes[1] et, pénétré de leurs discours insinuants, je déplore les misères de la nature, j'admire la paix et la justice établies par l'ordre civil, je bénis la sagesse des institutions publiques et me console d'être homme en me voyant citoyen. Bien instruit de mes devoirs et de mon bonheur, je ferme le livre, sors de la classe, et regarde autour de moi : je vois des peuples infortunés gémissants sous un joug de fer, le genre humain écrasé par une poignée d'oppresseurs, une foule accablée de peine et affamée de pain, dont le riche boit en paix le sang et les larmes, et partout le fort armé contre le faible du redoutable pouvoir des lois. Tout cela se fait paisiblement et sans résistance : c'est la tranquillité des compagnons d'Ulysse enfermés dans la caverne du Cyclope, en attendant qu'ils soient dévorés[2]. Il faut gémir et se taire. Tirons un voile éternel sur

1. Sous ce terme, comme on le fait souvent à son époque, Rousseau désigne les théoriciens du droit naturel, en particulier Hugo Grotius (1583-1645), Samuel Pufendorf (1632-1694) et Jean Barbeyrac (1674-1744).

2. Cette référence à l'*Odyssée* d'Homère (chant IX), qui s'inspire peut-être d'un long passage de J. Locke, *Traité du gouvernement civil*, chap. XIX, § 228, est également présente dans le *Contrat social* (L. I, chap. IV) : « On dira que le despote assure à ses sujets la tranquillité civile [...]. On vit tranquille aussi dans les cachots ; en est-ce assez pour s'y trouver bien ? Les Grecs enfermés dans

ces objets d'horreur. J'élève les yeux et regarde au loin. J'aperçois des feux et des flammes, des campagnes désertes, des villes au pillage. Hommes farouches, où traînez-vous ces infortunés! J'entends un bruit affreux, quel tumulte et quels cris, j'approche, je vois un théâtre de meurtres, dix mille hommes égorgés; les morts entassés par monceaux, les mourants foulés aux pieds des chevaux, portant l'image de la mort et de l'agonie. C'est donc là le fruit de ces institutions pacifiques. La pitié et l'indignation s'élèvent au fond de mon cœur. Ah Philosophe barbare![1] viens nous lire ton livre sur un champ de bataille.

Quelles entrailles d'homme ne seraient émues à ces tristes objets; mais il n'est plus permis d'être homme et de plaider la cause de l'humanité. La justice et la vérité doivent être pliées à l'intérêt des plus puissants, c'est la règle. Le Peuple ne donne ni pensions, ni emplois, ni chaires, ni places d'académie; en vertu de quoi le protégerait-on?[2]

---

l'antre du Cyclope y vivaient tranquilles, en attendant que leur tour vînt d'être dévorés ».

1. Cette apostrophe, dans l'esprit de Rousseau, peut aussi bien s'appliquer à Grotius qu'à Hobbes. D'ailleurs, le manuscrit écrit « philosophes » au pluriel tandis que l'adjectif « barbare » et le verbe sont au singulier.

2. L'*Émile* dénonce pareillement « la partialité des auteurs qui parlant toujours de la vérité dont ils ne se soucient guères ne songent qu'à leur intérêt dont ils ne parlent point. Or le peuple ne donne ni chaires ni pensions ni places d'Académies; qu'on juge comment ses droits doivent être établis par ces gens-là! » (OC IV, p. 837). Le *Contrat social* vise nommément Grotius et Barbeyrac : « Si ces deux écrivains avaient adopté les vrais principes, toutes les difficultés étaient levées et ils eussent été toujours conséquents; mais ils auraient tristement dit la vérité et n'auraient fait leur cour qu'au peuple. Or la vérité ne mène point à la fortune et le peuple ne donne ni ambassades, ni chaires, ni pensions ».

Princes magnanimes de qui nous attendons tout, je parle au nom du corps littéraire. Opprimez le peuple en sûreté de conscience ; c'est de vous seuls que nous attendons tout et le peuple ne nous sera jamais bon à rien.

Comment une aussi faible voix se ferait-elle entendre à travers tant de clameurs vénales ? Hélas il faut me taire, mais la voix de mon cœur ne saurait-elle percer à travers un si triste silence ? Non, sans entrer dans d'odieux détails qui passeraient pour satiriques par cela seul qu'ils seraient vrais, je me bornerai comme j'ai toujours fait à examiner les établissements humains par leurs principes, à corriger, s'il se peut, les fausses idées que nous en donnent des auteurs intéressés ; et à faire au moins que l'injustice et la violence ne prennent pas impudemment le nom de droit et d'équité.

La première chose que je remarque en considérant la position du genre humain, c'est une contradiction mani-feste dans sa constitution qui la rend toujours vacillante[1]. D'homme à homme nous vivons dans l'état civil et soumis aux lois. De peuple à peuple, chacun jouit de la liberté naturelle ; ce qui rend au fond notre situation pire que si ces distinctions étaient inconnues. Car vivant à la fois dans l'ordre social et dans l'état de nature nous sommes assu-jettis aux inconvénients de l'un et de l'autre, sans trouver la sûreté dans aucun des deux. La perfection de l'ordre social consiste il est vrai dans le concours de la force et de la loi : mais il faut pour cela que la loi dirige la force, au lieu que dans les idées de l'indépendance absolue des princes la

---

1. Le livre V de l'*Émile* contient un passage très proche de celui-ci (il est reproduit *infra*, p. 71).

seule force, parlant aux Citoyens sous le nom de loi et aux
étrangers sous le nom de raison d'état, ôte à ceux-ci le
pouvoir et aux autres la volonté de résister, en sorte que le
vain nom de justice ne sert partout que de sauvegarde à la
violence. Quant à ce qu'on appelle communément le droit
des gens, il est certain que faute de sanction ses lois ne sont
que des chimères plus faibles encore que la loi de nature,
celle-ci parle au moins au cœur des particuliers, au lieu que
le droit des gens n'ayant d'autre garantie que l'utilité de
celui qui s'y soumet, ses décisions ne sont respectées
qu'autant que l'intérêt les confirme. Dans la condition
mixte où nous nous trouvons, auquel des deux systèmes
qu'on donne la préférence, en faisant trop ou trop peu nous
n'avons rien fait et nous sommes mis dans le pire état où
nous puissions nous trouver. Voilà ce me semble la
véritable origine des calamités publiques.

Mettons un moment ces idées en opposition avec
l'horrible système de Hobbes, et nous trouverons, tout au
rebours de son absurde doctrine, que bien loin que l'état de
guerre soit naturel à l'homme, la guerre est née de la paix ou
du moins des précautions que les hommes ont prises pour
s'assurer une paix durable[1]. Mais avant que d'entrer dans
cette discussion, tâchons de fixer l'idée qu'on doit avoir de
l'état de guerre[2].

---

1. Rousseau, lorsqu'il évoque « le système de Hobbes », renvoie moins au
Léviathan qu'au *De Cive* qu'il cite dans la traduction de Samuel Sorbière, *Le
Citoyen*, 1649. Ici voir l'épître dédicatoire et le chapitre I.

2. Rousseau avait d'abord écrit : « l'idée que l'on doit avoir de ce mot de
guerre ».

CE QUE C'EST QUE L'ÉTAT DE GUERRE

Quoique ces deux mots de guerre et de paix paraissent exactement corrélatifs, le second renferme une significa-tion beaucoup plus étendue, attendu qu'on peut interrompre et troubler la paix en plusieurs manières sans aller jusqu'à la guerre. Le repos, l'union, la concorde, toutes les idées de bienveillance et d'affection mutuelle semblent renfermées dans ce doux mot de paix[1]. Il porte à l'âme une plénitude de sentiment qui nous fait aimer à la fois notre propre existence et celle d'autrui, il représente le lien des êtres qui les unit dans le système universel, il n'a toute son étendue que dans l'esprit de Dieu à qui rien de ce qui est ne peut nuire et qui veut la conservation de tous les êtres qu'il a créés[2].

La constitution de cet univers ne permet pas que tous les êtres sensibles qui le composent concourent à la fois au bonheur mutuel, mais le bien-être de l'un faisant le mal de l'autre, chacun selon la loi de nature se donne à lui même la préférence[3] et, quand il travaille à son avantage au préjudice d'autrui, à l'instant la paix est troublée à l'égard de celui qui souffre; alors non seulement il est naturel de repousser le mal qui nous poursuit, mais quand un être

1. Rousseau fait ici écho à Richard Cumberland (1632-1718) qui opposait à Hobbes la «bienveillance naturelle» qui selon lui lierait tous les êtres. R. Cumberland, *Traité philosophique des lois naturelles* (1672), trad. J. Barbeyrac, Amsterdam, Pierre Mortier, 1744, chap. I.

2. Malebranche donne une importance majeure à la double définition de Dieu comme créateur et conservateur de l'ordre universel des choses. Une définition reprise par Montesquieu: *Esprit des lois*, L. I, chap. I.

3. *Du Contrat social*, L. II, chap. IV: «la préférence que chacun se donne» est constitutive de «la nature de l'homme».

intelligent voit que ce mal lui vient par la mauvaise volonté d'un autre, il s'en irrite et cherche à le repousser sur l'auteur; de là naissent la discorde, les querelles, quelquefois les combats et point encore la guerre.

Enfin quand les choses en sont au point qu'un être doué de raison est convaincu que le soin de sa conservation est incompatible non seulement avec le bien-être d'un autre mais avec son existence; alors il s'arme contre sa vie et cherche à le détruire avec la même ardeur dont il cherche à se conserver soi même et par la même raison. L'attaqué, sentant que la sûreté de son existence est incompatible avec l'existence de l'agresseur, attaque à son tour de toutes ses forces la vie de celui qui en veut à la sienne; cette volonté manifestée de s'entredétruire, et tous les actes qui en dépendent, produisent entre les deux ennemis une relation qu'on appelle guerre.

De là il s'ensuit que la guerre ne consiste point dans un ou plusieurs combats non prémédités, pas même dans l'homicide et le meurtre commis par un emportement de colère, mais dans la volonté constante réfléchie et manifestée de détruire son ennemi[1]. Car pour juger que l'existence de cet ennemi est incompatible avec nôtre bien-être, il faut du sang froid, et de la raison, ce qui produit une résolution durable, et pour que le rapport soit mutuel, il faut qu'à son tour l'ennemi, connaissant qu'on en veut à sa vie, ait

---

1. Cette définition rappelle celle de la justice dans le texte canonique du droit romain, les *Institutes* de Justinien : « La justice est la volonté constante et perpétuelle de rendre à chacun ce qui lui est dû ».

dessein de la défendre aux dépens de la notre. Toutes ces idées sont renfermées dans ce mot de guerre.

Les effets publics de cette mauvaise volonté réduite en acte s'appellent hostilités : mais qu'il y ait des hostilités ou non la relation de guerre une fois établie ne peut cesser que par une paix formelle. Autrement chacun des deux ennemis n'ayant nul témoignage que l'autre a cessé d'en vouloir à sa vie, ne pourrait ou ne devrait pas cesser de la défendre aux dépens de celle de l'autre.

Ces différences donnent lieu à quelques distinctions dans les termes. Quand on se tient réciproquement en haleine par de continuelles hostilités, c'est proprement ce que l'on appelle faire la guerre. Au contraire, quand deux ennemis déclarés demeurent tranquilles et ne font l'un contre l'autre aucun acte offensif, leur relation ne change pas pour cela, mais tant qu'elle n'a point d'effet actuel elle s'appelle seulement état de guerre. De longues guerres dont on se lasse et qu'on ne peut terminer produisent ordinairement cet état. Quelquefois, loin de s'endormir dans l'inaction, l'animosité ne fait qu'attendre un moment favorable pour surprendre l'ennemi, et souvent l'état de guerre que produit le relâchement est plus dangereux que la guerre même.

On a disputé si la trêve, la suspension d'armes, la paix de Dieu étaient un état de guerre ou de paix [1]. Il est clair par les notions précédentes que tout cela n'est qu'un état de guerre

---

1. Sur la trêve, voir Grotius, *Le droit de la guerre et de la paix*, L. III, chap. XXI, trad. J. Barbeyrac, Amsterdam, Pierre de Coup, 1724, rééd. Université de Caen, 1984.

modifié, dans lequel les deux ennemis se lient les mains
sans perdre ni déguiser la volonté de se nuire. On fait des
préparatifs, on amasse des armes, des matériaux pour les
sièges, toutes les opérations militaires qui ne sont pas
spécifiées se continuent. C'est montrer assez que les
intentions ne sont pas changées. Il en est de même encore
quand deux Ennemis se rencontrent en lieu neutre sans
s'attaquer.

Qui peut avoir imaginé sans frémir le système insensé
de la guerre naturelle de chacun contre tous ? Quel étrange
animal que celui qui croirait son bien-être attaché à la
destruction de toute son espèce, et comment concevoir que
cette espèce aussi monstrueuse et aussi détestable pût durer
seulement deux générations ? Voilà pourtant jusqu'où le
désir ou plutôt la fureur d'établir le despotisme et l'obéissance passive ont conduit un des plus beaux génies qui aient
existé[1]. Un principe aussi féroce était digne de son objet.

L'état de société qui contraint toutes nos inclinations
naturelles ne les saurait pourtant anéantir, malgré nos
préjugés et malgré nous mêmes elles parlent encore au fond
de nos cœurs et nous ramènent souvent au vrai que nous
quittons pour des chimères. Si cette inimitié mutuelle[2] et
destructive était attachée à notre constitution, elle se ferait

---

1. Première rédaction : « un des plus grands philosophes ». C'est Hobbes
que désignent ces périphrases. Dans ce passage Rousseau va reprendre et
poursuivre la discussion qu'il avait engagée dans le *Discours sur l'origine et les
fondemenst de l'inégalité*. Voir OC III, p. 153-157.

2. « Mutuelle » et non pas « naturelle », comme nous avons écrit dans nos
éditions de 2005 et de 2008. Nous remercions Christopher Bertram de nous
avoir signalé cette erreur.

donc sentir encore et nous repousserait malgré nous à travers toutes les chaînes sociales. L'affreuse haine de l'humanité rongerait le cœur de l'homme. Il s'affligerait de la naissance de ses propres enfants et se réjouirait à la mort de ses frères : et lorsqu'il en trouverait quelqu'un endormi son premier mouvement serait de le tuer.

La bienveillance qui nous fait prendre part au bonheur de nos semblables, la compassion qui nous identifie avec celui qui souffre et nous afflige de sa douleur, seraient des sentiments inconnus et directement contraires à la nature. Ce serait un monstre qu'un homme sensible et pitoyable et nous serions naturellement ce que nous avons bien de la peine à devenir au milieu de la dépravation qui nous poursuit.

Le sophiste dirait en vain que cette mutuelle inimitié n'est pas innée et immédiate mais fondée sur la concurrence inévitable du droit de chacun sur toutes choses[1], car le sentiment de ce prétendu droit n'est pas plus naturel à l'homme que la guerre qu'il en fait naître. Je l'ai déjà dit et ne puis trop le répéter : l'erreur de Hobbes et des philosophes est de confondre l'homme naturel avec les hommes qu'ils ont sous les yeux et de transporter dans un système un être qui ne peut subsister que dans un autre[2]. L'homme veut son bien-être et tout ce qui peut y contribuer cela est

1. Voir Hobbes, *Le Citoyen*, *op. cit.*, chap. I, § X à XIII.

2. « Je l'ai déjà dit » : Rousseau renvoie ici au *Discours sur l'origine et les fondements de l'inégalité*, OC III, p. 153. Hobbes s'oppose aux théoriciens du droit naturel en niant que la sociabilité soit inhérente à la nature de l'homme, mais il suppose dans l'homme de la nature des passions qui n'apparaissent qu'avec l'homme civil.

incontestable. Mais naturellement le bien-être de l'homme se borne au nécessaire physique : car quand il a l'âme saine et que son corps ne souffre pas, que lui manque-t-il pour être heureux selon sa constitution ? Celui qui n'a rien désire peu de chose, celui qui ne commande à personne a peu d'ambition. Mais le superflu éveille la convoitise[1] : plus on obtient plus on désire. Celui qui a beaucoup veut tout avoir, et la folie de la monarchie universelle n'a jamais tourmenté que le cœur d'un grand roi. Voilà la marche de la nature ; voilà le développement des passions. Un philosophe superficiel observe des âmes cent fois repétries et fermentées dans le levain de la société et croit avoir observé l'homme. Mais pour le bien connaître, il faut savoir démêler la gradation naturelle de ses sentiments et ce n'est point chez les habitants d'une grande ville qu'il faut chercher le premier trait de la nature dans l'empreinte du cœur humain.

[2]Ainsi cette méthode analytique n'offre-t-elle à la raison qu'abîmes et mystères où le plus sage comprend le moins. Qu'on demande pourquoi les mœurs se corrompent à mesure que les esprits s'éclairent, n'en pouvant trouver la

1. Il s'agit bien là d'un autre terme hobbesien. Selon Hobbes, *Le Citoyen, op. cit.*, épitre dédicatoire, p. 85, la « convoitise naturelle » est l'un des deux principes incontestables concernant la nature des hommes, l'autre étant la raison naturelle.

2. Ce passage apparaît dans le manuscrit comme une note du paragraphe précédent destinée à être mise en bas de page. Rousseau y inscrit sa réflexion sur la guerre dans le cadre de son « système ». La « méthode analytique » commune à Hobbes et aux jusnaturalistes conduit à prêter à la nature de l'homme ce qui provient de sa civilisation. La méthode généalogique de Rousseau explique comment s'est formée sa « nature actuelle ». Les « principes » qu'il a établi dans ses deux premiers *Discours* permettent de rendre compte de ces changements.

cause ils auront le front de nier le fait. Qu'on demande pourquoi les sauvages transportés parmi nous ne partagent ni nos passions ni nos plaisirs et ne se soucient point de tout de ce que nous désirons avec tant d'ardeur. Ils ne l'expliqueront jamais ou ne l'expliqueront que par mes principes. Ils ne connaissent que ce qu'ils voient et n'ont jamais vu la nature. Ils savent fort bien ce que c'est qu'un Bourgeois de Londres ou de Paris mais ils ne sauront jamais ce que c'est qu'un homme.

[1]Mais quand il serait vrai que cette convoitise illimitée et indomptable serait développée dans tous les hommes au point que le suppose notre sophiste, encore ne produirait-elle pas cet état de guerre universelle de chacun contre tous dont Hobbes ose tracer l'odieux tableau. Ce désir effréné de s'approprier toutes choses est incompatible avec celui de détruire tous ses semblables; et le vainqueur qui ayant tout tué aurait le malheur de rester seul au monde n'y jouirait de rien par cela même qu'il aurait tout. Les richesses elles-mêmes, à quoi sont-elles bonnes si ce n'est à être communiquées; que lui servirait la possession de tout l'univers s'il en était l'unique habitant?[2]. Quoi? Son estomac dévorera-t-il tous les fruits de la terre? Qui lui rassemblera les productions de tous les climats; qui portera le témoignage de son empire dans les vastes solitudes qu'il n'habitera point? Que fera-t-il de ses trésors, qui consommera ses

---

1. Un titre, ensuite barré, précédait cette partie du texte : « Que l'état de guerre nait de l'État social ».

2. Premières rédactions : « s'il était seul à en jouir », puis « s'il en était seul le maitre ».

denrées, à quels yeux étalera-t-il son pouvoir ? J'entends.
Au lieu de tout massacrer, il mettra tout dans les fers pour
avoir au moins des Esclaves. Cela change à l'instant tout
l'état de la question et, puisqu'il n'est plus question de
détruire, l'état de guerre est anéanti. Que le lecteur
suspende ici son jugement. Je n'oublierai pas de traiter ce
point[1].

   L'homme est naturellement pacifique et craintif[2].
Au moindre danger son premier mouvement est de fuir ;
il ne s'aguerrit qu'à force d'habitude et d'expérience.
L'honneur, l'intérêt, les préjugés, la vengeance, toutes les
passions qui peuvent lui faire braver les périls et la mort
sont loin de lui dans l'état de nature. Ce n'est qu'après avoir
fait société avec quelque homme qu'il se détermine à en
attaquer un autre ; et il ne devient soldat qu'après avoir été
citoyen[3]. On ne voit pas là de grandes dispositions à faire la
guerre à tous ses semblables. Mais c'est trop m'arrêter sur
un système aussi révoltant qu'absurde qui a déjà cent fois
été réfuté.

---

   1. Rousseau n'a pas rédigé cette partie des *Principes du droit de la guerre*
mais il en parlera dans le fragment du Manuscrit de Genève et dans le passage
du *Contrat social* que nous reproduisons *infra* : « La fin de la guerre étant la
destruction […] on a droit d'en tuer les défenseurs tant qu'ils ont les armes à la
main mais sitôt qu'ils les posent et se rendent ils cessent d'être ennemis […] ».

   2. Rousseau simplifie ici une thèse qu'il présente de façon plus nuancée
dans le *Discours sur l'origine et les fondements de l'inégalité*, OC III,
p. 136-137.

   3. Cette formule était suivie d'une phrase ensuite barrée : « Voilà le vrai
progrès de la nature ». On rapprochera cette observation de la version primitive
du *Contrat social*, *op. cit.*, p. 29 : « nous ne commençons proprement à devenir
hommes qu'après été Citoyens ».

Il n'y a donc point de guerre générale d'homme à homme et l'espèce humaine n'a pas été formée uniquement pour s'entredétruire. Reste à considérer la guerre accidentelle et particulière qui peut naître entre deux ou plusieurs individus.

Si la loi naturelle n'était écrite que dans la raison humaine elle serait peu capable de diriger la plupart de nos actions, mais elle est encore gravée dans le cœur de l'homme en caractères ineffaçables et c'est là qu'elle lui parle plus fortement que tous les préceptes des Philosophes; c'est là qu'elle lui crie qu'il ne lui est permis de sacrifier la vie de son semblable qu'à la conservation de la sienne et qu'elle lui fait horreur de verser le sang humain sans colère, même quand il s'y voit obligé.

Je conçois que dans les querelles sans arbitres qui peuvent s'élever dans l'état de nature un homme irrité pourra quelquefois en tuer un autre soit à force ouverte soit par surprise; mais s'il s'agit d'une guerre véritable, qu'on imagine dans quelle étrange position doit être ce même homme pour ne pouvoir conserver sa vie qu'aux dépens de celle d'un autre et que par un rapport établi entre eux il faille que l'un meure pour que l'autre vive. La guerre est un état permanent qui suppose des relations constantes, et ces relations ont très rarement lieu d'homme à homme où tout est entre les individus dans un flux continuel qui change incessamment les rapports et les intérêts. De sorte qu'un sujet de dispute s'élève et cesse presque au même instant, qu'une querelle commence et finit en un jour, et qu'il peut y avoir des combats et des meurtres mais jamais ou très rarement de longues inimitiés et des guerres.

Dans l'état civil où la vie de tous les citoyens est au pouvoir du souverain et où nul n'a droit de disposer de la sienne ni de celle d'autrui, l'état de guerre ne peut avoir lieu non plus entre particuliers, et quand aux Duels, défis, cartels[1], appels en combat singulier, outre que c'était un abus illégitime et barbare d'une constitution toute militaire[2], il n'en résultait pas un véritable état de guerre mais une affaire particulière qui se vidait en temps et lieu limités, tellement que pour un second combat il fallait un nouvel appel. On en doit excepter les guerres privées qu'on suspendait par des trêves journalières appelées la paix de Dieu et qui reçurent la sanction par les établissements de Saint-Louis[3]. Mais cet exemple est unique dans l'histoire.

On peut demander encore si les Rois qui dans le fait sont indépendants de puissance humaine, pourraient établir entre eux des guerres personnelles et particulières indépendantes de celles de l'État. C'est là certainement une question oiseuse, car ce n'est pas comme on sait la coutume des Princes d'épargner autrui pour s'exposer personnellement. De plus cette question dépend d'une autre qu'il ne m'appartient pas de décider. Savoir, si le Prince est soumis

---

1. Un « cartel » était un défi notifié par écrit.

2. C'est la société féodale qui est caractérisée ainsi. Le passage du *Contrat social* cité plus bas évoque plus explicitement les « abus du gouvernement féodal ».

3. Rousseau confond ici la « paix de Dieu » et la « trêve de Dieu ». Les « établissements de Saint-Louis » dont il parle correspondent à ce qu'on appelait « quarantaine le roi » : deux seigneurs ne pouvaient s'affronter qu'après un délai de quarante jours au cours duquel la justice royale pouvait trancher leur litige. La même référence se retrouve dans le passage du *Contrat social* (I, 4) que l'on trouvera reproduit *infra*, p. 68.

lui-même aux lois de l'État ou non; car s'il y est soumis, sa personne est liée et sa vie appartient à l'État, comme celle du dernier Citoyen. Mais si le Prince est au dessus des lois il vit dans le pur état de nature et ne doit compte ni à ses sujets ni à Personne d'aucune de ses actions[1].

DE L'ÉTAT SOCIAL

Nous entrons maintenant dans un nouvel ordre de choses. Nous allons voir les hommes unis par une concorde artificielle se rassembler pour s'entre-égorger et toutes les horreurs de la guerre naître des soins qu'on avait pris pour la prévenir. Mais il importe premièrement de se former sur l'essence du corps politique des notions plus exactes que l'on n'a fait jusqu'ici. Que le lecteur songe seulement qu'il s'agit moins ici d'histoire et de faits que de droit et de justice, et que je veux examiner les choses par leur nature plutôt que par nos préjugés[2].

De la première société formée s'ensuit nécessairement la formation de toutes les autres. Il faut en faire partie ou

1. «Au dessus des lois»: Rousseau joue sur le sens du qualificatif «absolu» appliqué au pouvoir royal par l'adage «Princeps ab legibus solutus»: le Prince est délié de l'observation des lois. La première rédaction explicitait cette allusion en demandant «si le Prince est exempt de l'observation des lois».

2. Rousseau reprend ici une formule répandue mais particulièrement utilisée par Montesquieu, *De l'Esprit des lois*, Préface: «Je n'ai point tiré mes principes de mes préjugés, mais de la nature des choses». Mais il entend en un sens qui lui est propre ce qu'est «la nature des choses». On trouve un passage parallèle au livre V de l'*Émile*, OC IV, p. 837.

s'unir pour lui résister. Il faut l'imiter ou se laisser engloutir par elle[1].

Ainsi toute la face de la terre est changée; partout la nature a disparu; partout l'art humain a pris sa place; l'indépendance et la liberté naturelle ont fait place aux lois et à l'esclavage, il n'existe plus d'Être libre; le philosophe cherche un homme et n'en trouve plus[2]. Mais c'est en vain qu'on pense anéantir la nature, elle renaît et se montre où l'on l'attendait le moins. L'indépendance qu'on ôte aux hommes se réfugie dans les sociétés, et ces grands corps livrés à leurs propres impulsions produisent des chocs plus terribles à proportion que leurs masses l'emportent sur celles des individus.

Mais, dira-t-on, chacun de ces corps ayant une assiette aussi solide comment est-il possible qu'ils viennent jamais à s'entre-heurter? Leur propre constitution ne devrait-elle pas les maintenir entre eux dans une paix éternelle? Sont-ils obligés comme les hommes d'aller chercher au dehors de quoi pourvoir à leurs besoins; n'ont-ils pas en eux-mêmes tout ce qui est nécessaire à leur conservation? La concurrence et les échanges sont-ils une source de discorde inévitable et dans tous les pays du monde les habitants n'ont-ils pas existé avant le commerce; preuve invincible qu'ils y pouvaient subsister sans lui?

---

1. Le *Discours sur l'origine et les fondements de l'inégalité* (OC III, p. 178) soutenait déjà cette thèse : « On voit aisément comment l'établissement d'une seule Société rendit indispensable celui de toutes les autres, et comment, pour faire tête à des forces unies, il fallut s'unir à son tour ».

2. Référence à Diogène le cynique qui parcourait les rues d'Athènes en disant y chercher vainement un homme.

À cela je pourrais me contenter de répondre par les faits et je n'aurais point de réplique à craindre, mais je n'ai pas oublié que je raisonne ici sur la nature des choses et non sur des événements qui peuvent avoir mille causes particulières indépendantes du principe commun[1]. Mais considérons attentivement la constitution des corps politiques et, quoi qu'à la rigueur chacun suffise à sa propre conservation, nous trouverons que leurs mutuelles relations ne laissent pas d'être beaucoup plus intimes que celles des individus. Car l'homme, au fond, n'a nul rapport nécessaire avec ses semblables, il peut subsister sans leur concours dans toute la vigueur possible; il n'a pas tant besoin des soins de l'homme que des fruits de la terre; et la terre produit plus qu'il ne faut pour nourrir tous ses habitants. Ajoutez que l'homme a un terme de force et de grandeur fixé par la nature et qu'il ne saurait passer. De quelque sens qu'il s'envisage, il trouve toutes ses facultés limitées. Sa vie est courte, ses ans sont comptés. Son estomac ne s'agrandit pas avec ses richesses, ses passions ont beau s'accroître, ses plaisirs ont leur mesure, son cœur est borné comme tout le reste, sa capacité de jouir est toujours la même. Il a beau s'élever en idée, il demeure toujours petit.

L'État au contraire étant un corps artificiel n'a nulle mesure déterminée, la grandeur qui lui est propre est indéfinie, il peut toujours l'augmenter, il se sent faible tant qu'il en est de plus forts que lui. Sa sûreté, sa conservation

---

1. Sur cette opposition entre les faits contingents et la nature des choses, voir le passage déjà cité de l'*Émile*, L V, OC IV, p. 837. Ces deux passages s'éclairent mutuellement.

demandent qu'il se rende plus puissant que tous ses voisins, il ne peut augmenter, nourrir, exercer ses forces qu'à leurs dépens et, s'il n'a pas besoin de chercher sa subsistance hors de lui-même, il y cherche sans cesse de nouveaux membres qui lui donnent une consistance plus inébranlable. Car l'inégalité des hommes a des bornes posées par les mains de la nature, mais celle des sociétés peut croître incessamment jusqu'à ce qu'une seule absorbe toutes les autres.

Ainsi la grandeur du corps politique étant purement relative, il est forcé de se comparer sans cesse pour se connaître; il dépend de tout ce qui l'environne et doit prendre intérêt à tout ce qui s'y passe, car il aurait beau vouloir se tenir au dedans de lui sans rien gagner ni perdre il devient petit ou grand faible ou fort, selon que son voisin s'étend ou se resserre et se renforce ou s'affaiblit. Enfin sa solidité même en rendant ses rapports plus constants donne un effet plus sûr à toutes ses actions et rend toutes ses querelles plus dangereuses.

Il semble qu'on ait pris à tâche de renverser toutes les vraies idées des choses. Tout porte l'homme naturel au repos, manger et dormir sont les seuls besoins qu'il connaisse et la faim seule l'arrache à la paresse[1]. On en a fait un furieux toujours prompt à tourmenter ses semblables par des passions qu'il ne connaît point; au contraire ces passions exaltées au sein de la société par tout ce qui peut les

---

1. Rousseau écrit, dans une note de l'*Essai sur l'origine des langues* (OC V, p. 401) que « l'homme est naturellement paresseux ».

enflammer passent pour n'y pas exister. Mille écrivains[1]
ont osé dire que le corps politique est sans passions et qu'il
n'y a point d'autre raison d'état que la raison même.
Comme si l'on ne voyait pas au contraire que l'essence de la
société consiste dans l'activité de ses membres et qu'un État
sans mouvement ne serait qu'un corps mort. Comme si
toutes les histoires du monde ne nous montraient pas les
sociétés les mieux constituées être aussi les plus actives ; et
soit au dedans soit au dehors l'action et réaction continuelle
de tous leurs membres porte témoignage de la vigueur du
corps entier.

La différence de l'art humain à l'ouvrage de la nature se
fait sentir dans ses effets, les citoyens ont beau s'appeler
membres de l'État, ils ne sauraient s'unir à lui comme de
vrais membres le sont au corps ; il est impossible de faire
que chacun d'eux n'ait pas une existence individuelle et
séparée, par laquelle il peut seul suffire à sa propre
conservation ; les nerfs sont moins sensibles, les muscles
ont moins de vigueur, tous les liens sont plus lâches, le
moindre accident peut tout désunir[2].

Que l'on considère combien dans l'agrégation du corps
politique, la force publique est inférieure à la somme des
forces particulières, combien il y a, pour ainsi dire, de
frottement dans le jeu de toute la machine et l'on trouvera
que toute proportion gardée l'homme le plus débile a plus

1. Rousseau avait d'abord évoqué « les penseurs politiques ».
2. Le texte du *Contrat social* (L. I, chap. VII) reprend cette idée : « Au fond
le corps politique n'étant qu'une personne morale n'est qu'un être de raison ».
Cette même phrase se trouve déjà dans les *Principes du droit de la guerre*, *infra*,
p. 47.

de force pour sa propre conservation que l'État le plus robuste n'en a pour la sienne.

Il faut donc pour que cet État subsiste que la vivacité de ses passions supplée à celle de ses mouvements, et que sa volonté s'anime autant que son pouvoir se relâche. C'est la loi conservatrice que la nature elle-même établit entre les espèces et qui les maintient toutes malgré leur inégalité. C'est aussi, pour le dire en passant, la raison pourquoi les petits États ont à proportion plus de vigueur que les grands, car la sensibilité publique n'augmente pas avec le territoire : plus il s'étend, plus la volonté s'attiédit, plus les mouvements s'affaiblissent et ce grand corps surchargé de son propre poids, s'affaisse, tombe en langueur et dépérit[1].

Après avoir vu couvrir la terre de nouveaux États, après avoir découvert entre eux un rapport général qui tend à leur destruction mutuelle, il nous reste à voir en quoi précisément consiste leur existence, leur bien être et leur vie ; afin de trouver ensuite par quels genres d'hostilités ils peuvent s'attaquer et s'entrenuire l'un l'autre.

C'est du pacte social que le corps politique reçoit l'unité et le moi commun[2] ; son gouvernement et ses lois rendent sa constitution plus ou moins robuste, sa vie est dans le cœur des citoyens, leur courage et leurs mœurs la rendent plus ou moins durable. Les seules actions qu'il commet librement et qu'on peut lui imputer sont dictées par la volonté

---

1. Sur la supériorité des « petits États », voir *Du Contrat social*, L. II, chap. IX : « Plus le lien social s'étend, plus il se relâche, et en général un petit État est proportionnellement plus fort qu'un grand ».

2. Cette formule est celle du *Contrat social*, L. I, chap. VI. Rousseau résume ici sa thèse centrale sur la nature des corps politiques.

générale et c'est par la nature de ces actions qu'on peut juger si l'être qui les produit est bien ou mal constitué.

Ainsi tant qu'il existe une volonté commune d'observer le pacte social et les lois, ce pacte subsiste encore, et tant que cette volonté se manifeste par des actes extérieurs l'État n'est point anéanti. Mais sans cesser d'exister il peut se trouver dans un point de vigueur ou de dépérissement, fort ou faible, sain ou malade, et tendant à se détruire ou à s'affermir. Son bien-être peut s'augmenter ou s'altérer d'une infinité de manières, qui presque toutes dépendent de lui. Ce détail immense n'est pas de mon sujet[1]; mais en voici le sommaire qui s'y rapporte.

IDÉE GÉNÉRALE DE LA GUERRE D'ÉTAT À ÉTAT

Le principe de vie du corps politique, et si l'on peut parler ainsi le cœur de l'État est le pacte social par où sitôt qu'on le blesse, à l'instant il meurt, tombe, et se dissout; mais ce pacte n'est point une charte en parchemin qu'il suffise de déchirer pour le détruire, il est écrit dans la volonté générale et c'est là qu'il n'est pas facile de l'annuler.

Ne pouvant donc d'abord diviser le tout on l'atteint par ses parties. Si le corps est invulnérable on blesse les membres pour l'affaiblir. Si l'on ne lui peut ôter l'existence on altère au moins son bien-être, si l'on ne peut arriver au siège de la vie, on détruit ce qui la maintient : on attaque

---

1. Ce sujet est en large partie celui du livre III du *Contrat social*.

le gouvernement, les lois, les mœurs, les biens, les possessions, les hommes, il faut bien que l'état périsse quand tout ce qui le conserve est anéanti.

Tous ces moyens sont employés ou peuvent l'être dans la guerre d'une puissance à une autre, et ils sont souvent encore les conditions imposées par le vainqueur pour continuer de nuire au vaincu désarmé.

Car l'objet de tout le mal qu'on fait à son ennemi par la guerre est de le forcer à souffrir qu'on lui en fasse encore plus par la paix. Il n'y a point de ces sortes d'hostilités dont l'histoire ne fournisse des exemples. Je n'ai pas besoin de parler des contributions pécuniaires, en marchandise ou en denrées, ni du territoire enlevé ni des habitants transplantés. Le tribut annuel des hommes n'est pas même une chose rare. Sans remonter à Minos et aux Athéniens[1] on sait que les Empereurs du Mexique n'attaquaient leurs voisins que pour avoir des captifs à sacrifier, et de nos jours les guerres des rois de Guinée entre eux et leurs traités avec les peuples d'Europe n'ont pour objet que des tributs et traites d'esclaves. Que le but et l'effet de la guerre ne soit quelquefois que d'altérer la constitution de l'État ennemi cela n'est pas non plus difficile à justifier. Les Républiques de la Grèce s'attaquaient moins entre elles pour s'ôter mutuellement leur liberté que pour changer la forme de leur gouvernement et ne changeaient le gouvernement des vaincus que pour les mieux tenir dans leur dépendance. Les Macédoniens et tous les vainqueurs de Sparte se sont

1. En tuant le minotaure, Thésée met fin au traité par lequel les Athéniens devaient livrer aux Crétois un tribut annuel d'hommes.

toujours fait une affaire importante d'y abolir les lois de Lycurgue, et les Romains croyaient ne pouvoir donner une plus grande marque de clémence à un peuple soumis que de lui laisser ses propres lois. On sait encore que c'était une maxime de leur politique de fomenter chez leurs ennemis et d'éloigner d'eux-mêmes les arts efféminés et sédentaires qui énervent et amollissent les hommes. Laissons aux Tarentins leurs Dieux irrités disait Fabius[1], sollicité d'emporter à Rome des statues et des tableaux dont Tarente était ornée, et l'on impute justement à Marcellus la première décadence des mœurs Romaines pour n'avoir pas suivi la même politique à Syracuse[2]. Tant il est vrai qu'un conquérant habile nuit quelque fois plus aux vaincus par ce qui leur laisse que par ce qu'il leur ôte et qu'au contraire un avide usurpateur se nuit souvent plus qu'à son ennemi par le mal qu'il lui fait indiscrètement. Cette influence des mœurs a toujours été regardée comme très importante par les princes vraiment éclairés. Toute la peine que Cyrus imposa aux Lydiens révoltés fut une vie molle et efféminée[3] et la manière dont s'y prit le tyran Aristodème pour maintenir les

1. Voir Plutarque, *Vies parallèles*, « Vie de Fabius Maximus », § XXII. Cette même référence est utilisée d'une autre façon par Rousseau dans la première version du *Contrat social*, *op. cit.*, p. 97, et dans la version définitive, L. IV, chap. VIII, OC III, p. 461-462.

2. Voir Plutarque, *Vies parallèles*, « Vie de Marcellus », § XXVIII. Plutarque, dans ce passage, oppose lui-même les comportements de Fabius à Tarente et de Marcellus à Syracuse.

3. Voir Plutarque, *Vies parallèles*, « Vie de Cyrus », § XXVIII.

habitants de Cumes dans sa dépendance est trop curieuse pour ne la pas rapporter[1].

Ces exemples suffisent pour donner une idée des divers moyens dont on peut affaiblir un état et de ceux dont la guerre semble autoriser l'usage et pour nuire à son ennemi; à l'égard des traités dont quelqu'un de ces moyens sont des conditions, que sont au fond de pareilles paix sinon une guerre continuée avec d'autant plus de cruauté que l'ennemi vaincu n'a plus le droit de se défendre? J'en parlerai dans un autre lieu[2].

Joignez à tout cela les témoignages sensibles de mauvaise volonté qui annoncent l'intention de nuire, comme de refuser à une puissance les titres qui lui sont dus, de méconnaître ses droits, rejeter ses prétentions d'ôter à ses sujets la liberté du commerce, de lui susciter des ennemis, enfin d'enfreindre à son égard le droit des gens sous quelque prétexte que ce puisse être.

Ces diverses manières d'offenser un corps politique ne sont toutes ni également praticables, ni également utiles à celui qui les emploie, et celles dont résulte à la fois nôtre propre avantage et le préjudice de l'ennemi sont naturellement préférées. La terre, l'argent, les hommes, toutes les

---

1. Selon Denys d'Halicarnasse, *Les Antiquités romaines*, L. VII, chap. II, § XVIII, Aristodème «prit des mesures pour éteindre dans les autres citoyens tout sentiment de valeur et de courage. Il chercha les moyens d'énerver toute la jeunesse par une mauvaise éducation [...] Il obligea les garçons à laisser croître leurs cheveux à la manière des filles, à les orner de fleurs, à les boucler, à les lier en forme de réseau, à porter des robes de différentes couleurs qui décédaient jusques aux talons, avec des manteaux d'une étoffe fine et déliée; à passer le temps à l'ombre et dans la débauche».

2. Rousseau a suspendu sa rédaction avant d'aborder ce point.

dépouilles qu'on peut s'approprier deviennent ainsi les principaux objets des hostilités réciproques et cette basse avidité changeant insensiblement les idées des choses, la guerre enfin dégénère en brigandage et d'ennemis et guerriers on devient peu à peu Tyrans et voleurs.

De peur d'adopter sans y songer ces changements d'idées, fixons d'abord les nôtres par une définition et tâchons de la rendre si simple qu'il soit impossible d'en abuser.

J'appelle donc guerre de puissance à puissance l'effet[1] d'une disposition mutuelle constante et manifestée de détruire l'État ennemi, ou de l'affaiblir au moins par tous les moyens possibles. Cette disposition réduite en actes est la guerre proprement dite; tant qu'elle reste sans effet elle n'est que l'état de guerre.

Je prévois une objection : puisque selon moi l'état de guerre est naturel entre les puissances, pourquoi la disposition dont elle résulte a-t-elle besoin d'être manifestée? À cela je réponds que j'ai parlé ci-devant de l'état naturel, que je parle ici de l'état légitime, et que je ferai voir ci après comment pour le rendre tel la guerre a besoin d'une déclaration[2].

1. Avant « effet », Rousseau avait écrit « le rapport qui résulte entre elles ».

2. Cette partie des *Principes du droit de la guerre* n'a pas été rédigée, mais son argument central est énoncé dans le passage du *Contrat social* (L. I, chap. IV) reproduit *infra*, p. 67-70.

DISTINCTIONS FONDAMENTALES

Je prie les lecteurs de ne point oublier que je ne cherche pas ce qui rend la guerre avantageuse à celui qui la fait mais ce qui la rend légitime. Il en coûte presque toujours pour être juste. Est-on pour cela dispensé de l'être ?

S'il n'y eut jamais et qu'il ne puisse y avoir de véritable guerre entre les particuliers, qui sont donc ceux entre lesquels elle a lieu et qui peuvent s'appeler réellement ennemis ? Je réponds que ce sont les personnes publiques. Et qu'est-ce qu'une personne publique ? Je réponds que c'est cet être moral qu'on appelle souverain, à qui le pacte social a donné l'existence et dont toutes les volontés portent le nom de lois. Appliquons ici les distinctions précédentes ; on peut dire dans les effets de la guerre que c'est le souverain qui fait le dommage et l'État qui le reçoit[1].

Si la guerre n'a lieu qu'entre des êtres moraux on n'en veut point aux hommes, et l'on peut la faire sans ôter la vie à personne. Mais ceci demande explication.

À n'envisager les choses que selon la rigueur du pacte social, la terre, l'argent, les hommes et tout ce qui est compris dans l'enceinte de l'État, lui appartient sans réserve. Mais les droits de la société fondés sur ceux de la nature ne pouvant les anéantir, tous ces objets doivent être considérés sous un double rapport ; savoir, le sol comme territoire public et comme patrimoine[2] des particuliers,

1. Le *Contrat social* (L. I, chap. VI) explicite cette relation : le corps politique est appelé « *État* quand il est passif. *Souverain* quand il est actif, *Puissance* en le comparant à ses semblables ».

2. Première rédaction : « possession des particuliers ».

les biens comme appartenant dans un sens au souverain et dans un autre aux propriétaires, les habitants comme citoyens et comme hommes. Au fond le corps politique n'étant qu'une personne morale n'est qu'un être de raison. Otez la convention publique, à l'instant l'être est détruit sans la moindre altération dans tout ce qui le compose; et jamais toutes les conventions des hommes ne sauraient changer rien dans la physique des choses[1]. Qu'est-ce donc que faire la guerre au souverain; c'est attaquer la convention publique et tout ce qui en résulte; car l'essence de l'État ne consiste qu'en cela. Si le pacte social pouvait être tranché d'un seul coup, à l'instant il n'y aurait plus de guerre; et de ce seul coup l'État serait tué, sans qu'il mourut un seul homme. Aristote dit que pour autoriser les cruels traitements qu'on faisait souffrir à Sparte aux Ilotes, les Ephores en entrant en charge leur déclaraient solennellement la guerre[2]. Cette déclaration était aussi superflue que barbare. L'état de guerre subsistait nécessairement entre eux par cela seul que les uns étaient les maîtres, et les autres les esclaves. Il n'est pas douteux que, puisque les Lacédémoniens tuaient les Ilotes, les Ilotes ne fussent en droit de tuer les Lacédémoniens.

---

1. Première rédaction : « la nature des hommes ».

2. C'est Plutarque, *Vies parallèles*, « Vie de Lycurgue », § XXVIII qui rapporte ce fait d'après Aristote (on ne sait au demeurant d'après quel texte). Les ilotes formaient une population asservie par les Lacédémoniens (autre nom des Spartiates). Attachés à la terre qu'ils cultivaient, ils avaient le statut de serfs plutôt que d'esclaves.

ANNEXES

FRAGMENTS SUR LA GUERRE

Dans les manuscrits de Rousseau on peut relever un certain nombre de fragments qui ont directement trait aux matières traitées dans les *Principes du droit de la guerre.*

Les fragments A, B, C et D figurent dans un même cahier de brouillon de Rousseau, le manuscrit R 16 de la Bibliothèque de Neuchâtel. Les trois premiers, qui s'y trouvent isolés, concernent directement la question du droit de la guerre ; le quatrième, qui est extrait du brouillon de l'article « Économie politique » rédigé en 1755 pour l'Encyclopédie, s'y rattache de façon indirecte. Le fragment E se trouve sur la dernière page du manuscrit, conservé à la Bibliothèque de Genève, qui contient la première version du *Contrat social.*

FRAGMENT A[1]

Grace à Dieu on ne voit plus rien de pareil parmi les Européens. On aurait horreur d'un Prince qui ferait massacrer ses prisonniers, on s'indigne même contre ceux qui les traitent mal et ces maximes abominables qui révoltent la raison et font frémir l'humanité ne sont plus connues que des Jurisconsultes[2] qui en font tranquillement la base de leurs systèmes Politiques et qui, au lieu de nous montrer l'autorité souveraine[3] comme la source du bonheur des hommes, osent nous la[4] montrer comme le supplice des vaincus.

1. Manuscrit R 16, ff 72 r°-71 v°. Ce passage se rapporte manifestement au prétendu droit pour le vainqueur de disposer de la vie des prisonniers qu'il a fait au combat. Voir à ce sujet le passage du *Contrat social* (L. I, chap. IV) cité *infra*, p. 69-70.

2. Sur les « jurisconsultes », voir *supra*, p. 21, n. 1.

3. Première rédaction : « nous montrer les gouvernements ».

4. Première rédaction : « nous les montrer » (l'accord se faisant avec « gouvernements »).

Pour peu qu'on marche de conséquence en conséquence, l'erreur du Principe se fait sentir à chaque pas : et l'on voit partout que dans une aussi téméraire décision l'on n'a pas plus consulté la raison que la nature. Si je voulais approfondir la notion de l'état de guerre, je démontrerais aisément qu'il ne peut résulter que du libre consentement des parties belligérantes, que si l'une veut attaquer et que l'autre ne veuille pas se défendre il n'y a point d'état de guerre mais seulement violence et agression. Que l'état de guerre étant établi par le libre consentement des parties, ce libre et mutuel consentement est aussi nécessaire pour rétablir la paix, et qu'à moins que l'un des adversaires ne soit anéanti la guerre ne peut finir entre eux qu'à l'instant que tous deux en liberté déclarent qu'il y renoncent, de sorte qu'en vertu de la relation du maitre à l'esclave ils continuent et même malgré eux d'être toujours dans l'état de guerre. Je pourrais mettre en question si les promesses arrachées par la force et pour éviter la mort sont obligatoires dans l'état de liberté, et si toutes celles que le prisonnier a fait à son maître dans cet état peuvent signifier autre chose que celle-ci : *Je m'engage à vous obéir aussi longtemps qu'étant le plus fort vous n'attenterez pas à ma vie.*

Il y a plus. Qu'on me dise lesquels doivent l'emporter des engagements solennels et irrévocables pris avec la patrie en pleine liberté ou de ceux que l'effroi de la mort nous fera contracter avec l'ennemi vainqueur. Le prétendu droit d'esclavage auquel sont asservis les prisonniers [de] guerre est sans bornes. Les Jurisconsultes le décident formellement. Il n'y a rien, dit Grotius, qu'on ne puisse impunément faire souffrir à de tels esclaves. Il n'est point d'action qu'on ne puisse leur commander, ou à laquelle on ne puisse les contraindre de quelque manière que ce soit[1]. Mais si leur faisant grâce de mille tourments on se contente d'exiger qu'ils portent les armes contre leur pays, je demande lequel ils doivent remplir du serment qu'ils ont fait librement à leur patrie ou de celui que l'ennemi vient d'arracher à leur faiblesse. Désobéiront-ils à leurs maitres ou massacreront-ils leurs concitoyens ?

Peut-être osera-t-on me dire que l'état d'esclavage assujettissant les prisonniers à leur maitre, ils changent d'État à l'instant et que devenant sujet de leur nouveau souverain ils renoncent à leur ancienne patrie[2].

Quand mille peuples féroces auraient massacré leurs prisonniers, quand mille Docteurs vendus à la Tyrannie auraient excusé ces crimes, qu'importe à la vérité l'erreur des hommes et leur barbarie à la justice ? Ne cherchons point ce qu'on a fait mais ce qu'on doit faire et rejetons de viles et mercenaires autorités qui ne tendent qu'à rendre les hommes esclaves, méchants et malheureux.

1. Il s'agit d'une reprise littérale d'un passage de Grotius, *Du droit de la guerre et de la paix*, *op. cit.*, L. III, chap. VII, p. 821 : « Il n'y a rien qu'on ne puisse impunément faire souffrir à de tels Esclaves : il n'est point d'action qu'on ne puisse leur commander, ou à laquelle on ne puisse les contraindre, de quelque manière que ce soit ». Selon Grotius l'esclavage des prisonniers de guerre, contraire à la nature, est autorisé par le droit de gens ; au chap. XIV du même livre l'auteur rappelle que le droit naturel demande d'exercer avec modération le droit que la guerre donne sur les prisonniers.

2. Le fragment suivant est consacré à cette question, examinée sur l'exemple de Regulus.

FRAGMENT B[1]

Il parait par divers traits de l'histoire romaine et entre autres par celui d'Attilius Regulus, que les Romains qui tombaient entre les mains de l'Ennemi, se regardaient comme déchus du droit de citoyens et naturalisés pour ainsi dire parmi ceux qui les tenaient prisonniers. Mais cette absurde maxime n'était que dans leur opinion et l'on n'aperçoit rien qui s'y rapporte dans la conduite de ces hommes vertueux. Regulus lui-même, qui se traitait de Carthaginois et qui refusait de prendre sa place dans le Sénat de Rome, y parla tellement contre les intérêts de sa nouvelle patrie et contre les instructions de ses maîtres que, s'il était vrai qu'il fut obligé de leur être fidèle et d'obéir à leurs ordres, la plus sublime des actions humaines ne serait plus que le crime d'un traitre et l'on devrait équitablement approuver le supplice affreux que lui imposèrent les féroces Carthaginois en punition de sa désobéissance[2].

1. Manuscrit R 16, ff 62 v° - 63 v° - 64 r°.
2. Cet épisode célèbre des guerres puniques est notamment rapporté par Tite-Live au livre XVIII de son *Histoire Romaine*, mais c'est un des livres dont nous n'avons conservé que des résumés (*periochae*).

Premièrement, le Vainqueur n'étant pas plus en droit de faire cette menace que de l'exécuter, l'effet n'en saurait être légitime. En second lieu, si jamais serment extorqué par force fut nul, c'est surtout celui qui nous soumet à l'engagement le plus étendu que des hommes puissent prendre et qui par conséquent suppose la plus parfaite liberté dans ceux qui le contractent. Le serment antérieur qui nous lie à la patrie annule d'autant mieux en pareil cas celui qui nous soumet à un autre souverain que le premier a été contracté en pleine liberté et le second dans les fers, pour juger si on peut contraindre un homme à se faire naturaliser dans un État étranger il faut toujours remonter à l'objet essentiel et primordial des sociétés politiques, qui est le bonheur des peuples. Or il répugne à la loi de la raison de dire à autrui : je veux que vous soyez heureux autrement que vous ne voulez vous mêmes.

FRAGMENT C[1]

Pour connaitre exactement quels sont les droits de la guerre examinons avec soin la nature de la chose et n'admettons pour vrai que ce qui s'en déduit nécessairement. Que deux hommes se battent dans l'état de nature voilà la guerre allumée entre eux. Mais pourquoi se battent-ils? est-ce pour se manger l'un l'autre? Cela n'arrive parmi les animaux qu'entre différentes espèces. Entre les hommes de même qu'entre les Loups le sujet de la querelle est toujours entièrement étranger à la vie des combattants. Il peut très bien arriver que l'un des deux périsse dans le combat, mais alors sa mort est le moyen et non l'objet de la victoire, car sitôt que le vaincu cède, le vainqueur s'empare de la chose contestée, le combat cesse et la guerre est finie.

Il faut remarquer que l'état social rassemblant autour de nous une multitude de choses qui tiennent plus à nos fantaisies qu'à nos besoins et qui nous étaient naturellement indifférentes, la plupart des sujets de guerre deviennent encore plus étrangers à la vie des hommes que dans l'état de

1. Manuscrit R 16, f° 63 r°-v°.

nature et que cela va souvent au point que les particuliers se soucient fort peu des évènements de la guerre publique. On prend les armes pour disputer de puissance, de richesses, ou de considération[1], et le sujet de la querelle se trouve enfin si éloigné de la personne des Citoyens qu'ils n'en sont ni mieux ni plus mal d'être vainqueurs ou vaincus. Il serait bien étrange qu'une guerre ainsi constituée eut quelque rapport à leur vie et qu'on se crut en droit d'égorger des hommes seulement pour montrer qu'on est plus fort qu'eux.

On tue pour vaincre, mais il n'y a point d'homme si féroce qu'il cherche à vaincre pour tuer.

Maintenant que l'état de nature est aboli parmi nous, la guerre n'existe plus entre les particuliers et les hommes qui de leur chef en attaquent d'autres même après avoir reçu d'eux quelque injure ne sont point regardés comme des ennemis mais comme de véritables brigands. Cela est si vrai qu'un sujet qui prenant à la lettre les termes d'une déclaration de guerre voudrait sans brevet ni lettres de marque[2] courre sus aux ennemis de son Prince en serait puni ou devrait l'être.

---

1. Ces trois causes de la guerre évoquent de près les trois causes de la compétition mentionnées par Hobbes dans le *Léviathan*, chap. XIII : les richesses, la sécurité et la considération.

2. Brevets et lettres de marque : titres par lesquels les souverains autorisaient des acteurs privés, comme les armateurs ou les compagnies de navigation, à faire des prises de guerre.

FRAGMENT D[1]

Il n'y a que des Peuples tranquillement établis depuis très longtemps qui puissent imaginer de faire de la Guerre un véritable métier à part et des gens qui l'exercent une classe particulière : Chez un nouveau Peuple où l'intérêt commun est encore dans toute sa vigueur, tous les citoyens sont soldats en temps de guerre et il n'y a plus de soldats en temps de paix. C'est un des meilleurs signes de la jeunesse et de la vigueur d'une nation. Il faut nécessairement que des hommes toujours armés soient par état les ennemis de tous les autres, on n'emploie jamais ces forces artificielles que comme une ressource contre l'affaiblissement intérieur et les premières troupes réglées sont en quelque sorte les premières rides qui annoncent la prochaine décrépitude du gouvernement.

1. Manuscrit R 16, f° 73 v°. S'il est intéressant pour le thème de la guerre, ce fragment semble devoir être rattaché au texte du *Discours sur l'économie politique*, B. Bernardi (dir.), Paris, Vrin, 2002, voir les pages 71-72 qui concernent également l'institution des « troupes réglées ».

FRAGMENT E [1]

Mais il est clair que ce prétendu droit de tuer le vaincu ne résulte en aucune manière de l'état de guerre. La guerre n'est point une relation entre les hommes mais entre les puissances dans laquelle les particuliers ne sont ennemis qu'accidentellement et moins comme citoyens que comme soldats. L'étranger qui vole, pille et détient les peuples sujets sans déclarer la guerre au prince, n'est pas un ennemi c'est un brigand, et même en pleine guerre un prince juste s'empare en pays ennemi de tout ce qui appartient au public, mais il respecte la personne et les biens des particuliers, il respecte les droits sur lesquels est fondé son propre pouvoir. La fin de la guerre est la destruction de l'État ennemi; on a droit d'en tuer les défenseurs tant qu'ils

1. Ce fragment a été rédigé par Rousseau sur la dernière page du ms. (f° 72 v°) qui contient la première version du *Contrat social : Du Contract social ou Essai sur la forme de la République (Manuscrit de Genève), op. cit.* Nous suivons ici, pour l'établissement du texte de ce fragment, notre transcription éditée dans *Annales de la Société Jean-Jacques Rousseau*, t. 46, 2005, p. 263; dans l'édition de 2008 nous avons donné par erreur une version incorrecte. Ce fragment est écrit dans le prolongement des textes précédents auxquels il fait écho et a manifestement nourri la rédaction de la version définitive du *Contrat social :* voir *infra*, p. 68-69.

ont les armes à la main mais sitôt qu'ils les posent et se rendent ils cessent d'être ennemis ou plutôt instruments de l'ennemi[1] et l'on n'a plus droit sur leur vie. On peut tuer l'État sans tuer un seul de ses membres. Or la guerre ne donne aucun droit qui ne soit nécessaire à sa fin.

---

1. Rousseau avait d'abord écrit : « ils ne sont plus ennemis ils sont hommes ».

EXTRAITS

Nous donnons ici deux passages tirés du *Contrat social* et de l'*Émile* dans lesquels Rousseau s'est appuyé sur le brouillon de ses *Principes du droit de la guerre*. Dans le second texte, l'expression « principes du droit de la guerre » est directement citée.

DU CONTRAT SOCIAL
OU PRINCIPES DU DROIT POLITIQUE
(LIVRE I CHAPITRE IV) [1]

Grotius et les autres tirent de la guerre une autre origine du prétendu droit d'esclavage. Le vainqueur ayant, selon eux, le droit de tuer le vaincu, celui-ci peut racheter sa vie aux dépens de sa liberté; convention d'autant plus légitime qu'elle tourne au profit de tous deux [2].

Mais il est clair que ce prétendu droit de tuer les vaincus ne résulte en aucune manière de l'état de guerre. Par cela seul que les hommes vivant dans leur primitive indépendance n'ont point entre eux de rapport assez constant pour constituer ni l'état de paix ni l'état de guerre, ils ne sont point naturellement ennemis. C'est le rapport des choses et non des hommes qui constitue la guerre, et l'état de guerre ne pouvant naître des simples relations personnelles,

1. OC III, p. 356-358.

2. Grotius, *Du Droit de la Guerre et de la Paix,* L. III, chap. XIV, *op. cit.*, vol. 2, p. 899. Hobbes, *Le Citoyen*, chap. VIII, *op. cit.*, p. 180-181, s'inscrit dans cette logique. Pufendorf, *Le droit de la nature et des gens*, L. VI, chap. III, § VI et VII; vol. 2, p. 203-205.

mais seulement des relations réelles, la guerre privée ou d'homme à homme ne peut exister, ni dans l'état de nature où il n'y a point de propriété constante, ni dans l'état social où tout est sous l'autorité des lois.

Les combats particuliers, les duels, les rencontres sont des actes qui ne constituent point un état; et à l'égard des guerres privées, autorisées par les établissements de Louis IX roi de France et suspendues par la paix de Dieu, ce sont des abus du gouvernement féodal, système absurde s'il en fut jamais, contraire aux principes du droit naturel, et à toute bonne politie[1].

La guerre n'est donc point une relation d'homme à homme, mais une relation d'État à État, dans laquelle les particuliers ne sont ennemis qu'accidentellement, non point comme hommes ni même comme citoyens*, mais comme soldats; non point comme membres de la patrie, mais comme ses défenseurs. Enfin chaque État ne peut avoir pour ennemis que d'autres États et non pas des hommes, attendu qu'entre choses de diverses natures on ne peut fixer aucun vrai rapport.

Ce principe est même conforme aux maximes établies de tous les temps et à la pratique constante de tous les peuples policés. Les déclarations de guerre sont moins des avertissements aux puissances qu'à leurs sujets. L'étranger, soit roi, soit particulier, soit peuple, qui vole tue ou détient les sujets sans déclarer la guerre au prince, n'est pas un

---

1. Le terme *politie* est une transcription du grec *politéia*, la constitution, l'ordre politique. Il était désuet; Rousseau le remet en usage volontairement comme en atteste une lettre à son éditeur M.-M. Rey (23 décembre 1761).

ennemi, c'est un brigand. Même en pleine guerre un prince juste s'empare bien en pays ennemi de tout ce qui appartient au public, mais il respecte la personne et les biens des particuliers; il respecte des droits sur lesquels sont fondés les siens. La fin de la guerre étant la destruction de l'État ennemi, on a droit d'en tuer les défenseurs tant qu'ils ont les armes à la main; mais sitôt qu'ils les posent et se rendent, cessant d'être ennemis ou instruments de l'ennemi, ils redeviennent simplement hommes et l'on n'a plus de droit sur leur vie. Quelquefois on peut tuer l'État sans tuer un seul de ses membres : Or la guerre ne donne aucun droit qui ne soit nécessaire à sa fin. Ces principes ne sont pas ceux de Grotius; ils ne sont pas fondés sur des autorités de poètes, mais ils dérivent de la nature des choses, et sont fondés sur la raison.

À l'égard du droit de conquête, il n'a d'autre fondement que la loi du plus fort. Si la guerre ne donne point au vainqueur le droit de massacrer les peuples vaincus, ce droit qu'il n'a pas ne peut fonder celui de les asservir. On n'a le droit de tuer l'ennemi que quand on ne peut le faire esclave; le droit de le faire esclave ne vient donc pas du droit de le tuer : c'est donc un échange inique de lui faire acheter au prix de sa liberté sa vie sur laquelle on n'a aucun droit. En établissant le droit de vie et de mort sur le droit d'esclavage, et le droit d'esclavage sur le droit de vie et de mort, n'est-il pas clair qu'on tombe dans le cercle vicieux ?

En supposant même ce terrible droit de tout tuer, je dis qu'un esclave fait à la guerre ou un peuple conquis n'est tenu à rien du tout envers son maître, qu'à lui obéir autant qu'il y est forcé. En prenant un équivalent à sa vie le vainqueur ne lui en a point fait grâce : au lieu de le tuer sans fruit il l'a tué utilement. Loin donc qu'il ait acquis sur lui nulle autorité jointe à la force, l'état de guerre subsiste entre eux comme auparavant, leur relation même en est l'effet, et l'usage du droit de la guerre ne suppose aucun traité de paix. Ils ont fait une convention ; soit : mais cette convention, loin de détruire l'état de guerre, en suppose la continuité.

*Les Romains qui ont mieux entendu et plus respecté le droit de la guerre qu'aucune nation du monde portaient si loin le scrupule à cet égard qu'il n'était pas permis à un Citoyen de servir comme volontaire sans s'être engagé expressément contre l'ennemi et nommément contre tel ennemi. Une Légion où Caton le fils faisait ses premières armes sous Popilius ayant été réformée, Caton le Père écrivit à Popilius que, s'il voulait bien que son fils continuât de servir sous lui, il fallait lui faire prêter un nouveau serment militaire, parce que le premier étant annulé il ne pouvait plus porter les armes contre l'ennemi. Et le même Caton écrivit à son fils de se bien garder de se présenter au combat qu'il n'eût prêté ce nouveau serment[1]. Je sais qu'on pourra m'opposer le siège de Clusium et d'autres faits particuliers. Mais moi je cite des lois, des usages. Les Romains sont ceux qui ont le moins souvent transgressé leurs lois, et ils sont les seuls qui en aient eu d'aussi belles. (Note ajoutée d'après les indications de Rousseau dans l'édition de 1782).

---

1. Cette anecdote est rapportée par Cicéron dans le *De Officiis*, L. I, chap. XI ; mais Rousseau a pu la rencontrer chez Grotius, *Du droit de la guerre et de la paix, op. cit.*, L. III, chap. XVIII, § I, 2.

ÉMILE
(LIVRE V) [1]

Après avoir ainsi considéré chaque espèce de société civile en elle-même, nous les comparerons pour en observer les divers rapports. Les unes grandes, les autres petites ; les unes fortes, les autres faibles ; s'attaquant, s'offensant, s'entre-détruisant ; et, dans cette action et réaction continuelle, faisant plus de misérables et coûtant la vie à plus d'hommes que s'ils avaient tous gardé leur première liberté. Nous examinerons si l'on n'en a pas fait trop ou trop peu dans l'institution sociale ; si les individus soumis aux lois et aux hommes, tandis que les sociétés gardent entre elles l'indépendance de la nature, ne restent pas exposés aux maux des deux états, sans en avoir les avantages, et s'il ne vaudrait pas mieux qu'il n'y eût point de société civile au monde que d'y en avoir plusieurs. N'est-ce pas cet état mixte qui participe à tous les deux et n'assure ni l'un ni l'autre, *per quem neutrum licet, nec tanquam in bello paratum esse, nec tanquam in pace securum ?* [2]. N'est-ce pas cette association partielle et imparfaite qui produit la tyrannie et la guerre ; et la tyrannie et la guerre ne sont-elles pas les plus grands fléaux de l'humanité ?

---

1. OC IV, p. 848. Dans cette dernière partie de l'*Émile*, après avoir présenté un « sommaire » de ses « principes du droit politique », Rousseau envisage les relations des États entre eux.

2. Sénèque, *De tranquillitate animi*, I, I.

Nous examinerons enfin l'espèce de remèdes qu'on a cherchés à ces inconvénients par les ligues et confédérations, qui, laissant chaque État son maître au dedans, l'arme au dehors contre tout agresseur injuste. Nous rechercherons comment on peut établir une bonne association fédérative, ce qui peut la rendre durable, et jusqu'à quel point on peut étendre le droit de la confédération sans nuire à celui de la souveraineté.

L'abbé de Saint-Pierre avait proposé une association de tous les États de l'Europe pour maintenir entre eux une paix perpétuelle. Cette association était-elle praticable? et, supposant qu'elle eût été établie, était-il à présumer qu'elle eût duré? Ces recherches nous mènent directement à toutes les questions de droit public qui peuvent achever d'éclaircir celles du droit politique.

Enfin nous poserons les vrais principes du droit de la guerre, et nous examinerons pourquoi Grotius et les autres n'en ont donné que de faux.

ÉTUDES

ROUSSEAU, LA GUERRE ET LA PAIX

par

GABRIELLA SIVESTRINI

Le concept de guerre occupe une place centrale dans la pensée politique moderne. D'un côté concept repoussoir, il sert à fonder et justifier le pouvoir perpétuel et absolu de la souveraineté : le mythe d'un désordre et d'une violence originaires permet d'exalter les vertus pacificatrices du Léviathan. Mais la guerre est aussi, à côté du consentement et du contrat, une source de droit, un instrument de légitimation d'une multitude de rapports d'appropriation et de domination, particulièrement l'esclavage et la conquête. Le droit de la guerre, selon le dominicain Francisco de Vitoria (1483-1546), est le seul titre que l'on puisse invoquer pour justifier la possession et l'occupation des terres des Indiens[1]. Le droit de la guerre – depuis

1. Voir F. De Vitoria, *Leçons sur les Indiens et le droit de la guerre*, M. Barbier (éd.), Genève, Droz, 1966. Les théories de la guerre et des relations internationales ont acquis une place centrale dans l'histoire de la pensée politique ; pour une synthèse récente du débat voir D. Armitage, *Foundations of*

Hugo Grotius jusqu'à Emer de Vattel, en passant par John Locke – joue un rôle important dans la légitimation des colonialismes occidentaux et des nouvelles formes d'esclavage des noirs, objet d'un commerce florissant aux XVIIe et XVIIIe siècles. Enfin, la réflexion sur le droit de résistance des peuples aux rois devenus tyrans emprunte au langage de la guerre, comme le montre la place occupée par la notion d'«état de guerre» dans la doctrine formulée par John Locke dans son *Second Traité du Gouvernement civil*[1].

Dans ce contexte, la pensée politique de Rousseau a été interprétée depuis longtemps comme une critique radicale de l'esclavage et du droit de conquête, mais aussi comme la tentative la plus systématique pour effacer la guerre et le conflit de l'ordre politique que dessine le *Contrat social*. C'est pourquoi on lui a attribué l'idée que la guerre n'était qu'une conséquence des maux inhérents aux institutions illégitimes et serait donc destinée à disparaître grâce à l'avènement de sociétés légitimes et de ligues confédératives. Mais, dans la mesure où l'on devrait reconnaître qu'il est impossible d'éliminer la guerre, on a pu aussi prétendre que ce serait là le véritable point faible de sa théorie politique, incapable de dessiner un cadre international pour la société légitime. Rousseau aurait renoncé à achever l'ouvrage qu'il avait projeté, les *Institutions politiques*, parce qu'il se trouvait dans l'impossibilité de concilier politique intérieure et extérieure, de penser à la fois la liberté

Modern International Thought, Cambridge, Cambridge University Press, 2013.

1. Sur ce point je me permets de renvoyer à mon article, «Guerre juste et droit de résistance dans la tradition protestante du droit naturel», dans *Genève et la Suisse dans la pensée politique*, Actes du Colloque de Genève (Sept. 2006), Presses Universitaires d'Aix-Marseille, 2007, p. 103-116.

politique du citoyen et la conflictualité qui régit la politique internationale.

La reconstitution du manuscrit sur les *Principes du droit de la guerre* conduit à modifier cette interprétation de la pensée de Rousseau, qui ne correspond pas au projet de palingénésie des institutions sociales qu'on lui a prêté : au contraire, la théorie rousseauiste de la guerre permet de mieux saisir la profondeur d'une pensée qui est à la fois réaliste, normative et critique.

ÉTAT DE GUERRE ET DROIT DE LA GUERRE
DU SECOND *DISCOURS* AU *MANUSCRIT DE GENÈVE*

Le syntagme « état de guerre » est largement diffusé dans le langage politique et juridique du XVIIIe siècle et son importance est sans contredit un héritage de la pensée politique hobbesienne. Que l'état de nature ne soit rien d'autre qu'un « état de guerre » est le point crucial que nombre d'auteurs reprochent à Hobbes en multipliant les citations de ses textes pour les passer au crible – ce qui a d'ailleurs contribué à répandre la doctrine hobbesienne bien au-delà de la diffusion effective de ses ouvrages. Dans le *Discours sur l'inégalité,* c'est au prisme de ce débat que Rousseau développe sa propre critique de Hobbes, tout particulièrement lorsqu'il invoque Montesquieu, Cumberland et Pufendorf pour réfuter l'anthropologie qui est la base de la doctrine hobbesienne d'une guerre naturelle de tous contre tous[1]. Toutefois, Rousseau adopte

1. OC III, p. 136. Voir Montesquieu, *De l'esprit des lois, op. cit.,* liv. I, chap. II; R. Cumberland, *Traité philosophique des lois naturelles* (1672), trad. par J. Barbeyrac, Amsterdam, Pierre Mortier, 1744, chap. II, § XXI-XXX; S. Pufendorf, *Le droit de la nature et des gens, op. cit.,* L. II, chap. II, § II et VIII.

d'emblée une position singulière : autant qu'à Hobbes il s'oppose à ses détracteurs en niant la thèse d'une sociabilité naturelle.

L'absence de toute guerre caractérise le tableau de l'état de nature peint par Rousseau et, dans le texte du *Discours*, l'expression « état de guerre » n'apparaît qu'au dernier terme de l'état de nature : c'est le « conflit perpétuel » entre riches et pauvres, entre le droit du premier occupant et le droit du plus fort, un conflit qui surgit comme une conséquence de l'appropriation de la terre[1]. La naissance des sociétés politiques, loin de marquer la fin du conflit, correspond à l'avènement d'un mal encore plus funeste et destructeur. L'état de nature entre les corps politiques produit des effets encore plus terribles qu'entre les individus : « De là sortirent les Guerres Nationales, les Batailles, les meurtres, les représailles, qui font frémir la Nature et choquent la raison, et tous ces préjugés horribles qui placent au rang des vertus l'honneur de répandre le sang humain »[2]. Le concept d' « état de guerre » intervient à nouveau pour critiquer les doctrines qui donnent le droit de conquête pour origine des sociétés politiques. De manière lapidaire Rousseau nie que la conquête puisse fonder un véritable droit : « le Conquérant et les Peuples conquis restant toujours entre eux dans l'état de Guerre, à moins que la Nation remise en pleine liberté ne choisisse volontairement son Vainqueur pour son Chef »[3].

Dans le *Manuscrit de Genève* le concept d'état de guerre acquiert une importance accrue. Il est évoqué une première

1. OC III, p. 176.
2. OC III, p. 178-179.
3. OC III, p. 179.

fois, de manière explicite en relation à Hobbes, dans le contexte de la polémique entre Rousseau et Diderot sur l'idée d'une société générale du genre humain : « L'erreur de Hobbes n'est donc pas d'avoir établi l'état de guerre entre les hommes indépendants et devenus sociables mais d'avoir supposé cet état naturel à l'espèce, et de l'avoir donné pour cause aux vices dont il est l'effet »[1]. En outre, le chapitre consacré aux « fausses notions du lien social » reprend et développe les observations déjà formulées par le *Discours sur l'inégalité*, mais cette fois l'argument du droit de conquête est ramené à l'intérieur de la matière plus générale du droit de la guerre, dont il relève[2].

Dans ce passage, Rousseau réfute de manière plus détaillée les théories qui fondent sur le droit de la guerre l'esclavage des individus aussi bien que des peuples. Deux doctrines sont visées ici. La première est la doctrine traditionnelle des juristes romains, qui accordait au vainqueur le droit de réduire en esclavage les prisonniers : l'effet de domination que produit la guerre était ainsi considéré comme une véritable source de droit. Critiquée par Jean Bodin dans des passages célèbres qui tournent en ridicule la « charité » de ceux qui épargnent les prisonniers à leur propre avantage, cette théorie est en revanche reprise par Hugo Grotius, qui reconnaît dans l'esclavage par droit de guerre une institution centrale du droit des gens[3]. La seconde doctrine, qui offre une autre légitimation

1. *Du contract social ou Essai sur la forme de la République (Manuscrit de Genève)*, texte établi par B. Bernardi, avec E. Murgia et J. Swenson, « Textes & Commentaires », Paris, Vrin, 2012, L. I, chap. II, p. 39-40.

2. *Ibid.* L. I, chap. V, p. 65-66.

3. Voir J. Bodin, *Les six livres de la République*, I, V, Lyon, Jean de Tournes, 1579, p. 35-36 ; H. Grotius, *Le droit de la guerre et de la paix*, *op. cit.*,

de l'esclavage et de la conquête, se trouve sous la plume de Hobbes. Comme Michel Foucault l'a magistralement montré[1], Hobbes vise à neutraliser la guerre à l'origine des rapports de domination pour y substituer le contrat : à la source du droit de soumettre l'esclave ou les peuples vaincus ne se trouve pas la guerre, mais un acte de volonté qui permet de surmonter l'état de guerre, c'est-à-dire un vrai contrat ayant pour objet un échange avantageux de la vie contre l'obéissance. Pour Hobbes, c'est donc du consentement et non de la guerre en tant que telle que procèdent le droit et l'obligation qui lient maitre et esclave, conquérant et peuple conquis[2].

Bien que se distinguant par la source donnée au droit d'esclavage et de conquête – la guerre ou un acte de volonté – ces deux doctrines partagent un élément central : le droit que donne la guerre de tuer les prisonniers. Rousseau attaque cette thèse en reprenant d'ailleurs un argument déjà utilisé par d'autres avant lui, notamment Montesquieu[3] : le droit de tuer autorisé par la guerre ne s'étend pas au-delà de la bataille. Il n'a lieu que dans la guerre et ne peut engendrer aucun droit *post bellum*. Par conséquent, il n'est pas possible de faire de l'état de guerre l'origine du lien juridique et politique : « comment l'état de guerre servirait-il de base à un traité d'union qui n'a

L. III, chap. VII; Rousseau connaissait bien cette doctrine de Grotius, comme le démontre la citation littérale qu'il en fait dans un fragment sur la guerre, voir *supra*, p. 65, n. 1. Outre l'escalavage des prisonniers de guerre autorisé par le droit des gens, Grotius réputait légitime l'esclavage volontaire et l'esclavage comme punition d'un délit.

1. M. Foucault, *Il faut défendre la société*, Paris, Gallimard-Seuil, 1997, p. 77-86.

2. T. Hobbes, *Le Citoyen*, VIII, II-IV, *op. cit.*, p. 181-182; voir aussi S. Pufendorf, *Le droit de la nature et des gens, op. cit.*, VI, III, § VI.

3. Montesquieu, *De l'esprit des lois*, XX, II, *op. cit.* p. 391.

pour objet que la justice et la paix ? »[1]. Seule une convention libre et volontaire, qui ne soit pas dictée par la violence et la crainte de la mort, peut mettre une fin à l'état de guerre ; autrement cet état persiste et autorise un droit de guerre réciproque qui permet à l'esclave ou aux peuples vaincus de recouvrer leur liberté par la violence. De là, Rousseau tire deux conséquences : l'esclavage ne peut se fonder sur le « prétendu droit de tuer les captifs » et, par conséquent, il n'est autre chose qu'un état de guerre modifié.

La conclusion de ce passage implique cependant que l'on remonte du « droit de la guerre » à une analyse plus systématique du concept même de guerre et de son statut par rapport à la société politique : « si par ce mot de guerre en entend la guerre publique on suppose des sociétés antérieures dont on explique pas l'origine : si l'on entend la guerre privée d'homme à homme, on n'aura par là qu'un maître et des Esclaves, jamais un chef et des citoyens ; et pour distinguer ce dernier rapport il faudra toujours supposer quelque convention sociale qui fasse un corps de peuple et unisse les membres entre eux ainsi qu'à leur chef »[2]. Dans le manuscrit sur les *Principes du droit de la guerre* c'est exactement « ce mot de guerre » que Rousseau mettra d'abord au centre de son enquête, qui s'inscrit donc directement dans le prolongement du *Manuscrit de Genève*.

Dans le *Discours sur l'inégalité,* Rousseau avait exclu la guerre de l'état de nature, il lui avait donné pour origine le moment de la « société naissante » stabilisée par les rapports

1. *Du contract social (Manuscrit de Genève),* L. I, chap. V, *op. cit.* p. 66.
2. *Ibid.*

des choses et déchirée par les conflits que suscite l'appropriation des terres. Dans le *Manuscrit de Genève* il avait montré, dans le cadre de la critique d'un prétendu droit de la guerre aux origines du droit politique, la nécessité de rechercher de manière plus précise les rapports entre guerre, droit et politique, à partir d'une définition du mot de guerre. Cette définition est l'objet du premier chapitre des *Principes du droit de la guerre* où Rousseau reprend et systématise la réflexion développée dans le second *Discours*, l'*Economie politique* et le *Manuscrit de Genève*. Alors qu'il a déjà rédigé la première version de son traité *Du Contrat social* s'impose à lui la nécessité de revenir sur la définition des concepts de guerre et d'état de guerre.

PAIX, GUERRE ET ÉTAT DE GUERRE

L'exorde des *Principes du droit de la guerre* a pour fonction de montrer l'importance de la matière qui va être traitée et d'annoncer la thèse qui va être soutenue : « que bien loin que l'état de guerre soit naturel à l'homme, la guerre est née de la paix ou du moins des précautions que les hommes ont prises pour s'assurer une paix durable ». Cette thèse implique à la fois une nouvelle critique de la position hobbesienne et une définition de la guerre qui prolonge le questionnement du *Manuscrit de Genève*. Rousseau avait d'abord écrit : « avant que d'entrer dans cette discussion, tâchons de fixer l'idée que l'on doit avoir de ce mot de guerre » ; revenant sur sa rédaction, il biffe « ce mot » et, à sa place, écrit : « l'état »[1]. C'est donc « l'état de guerre » qui est au centre de l'enquête que Rousseau

---

1. Voir *supra*, p. 24, n. 2.

mène en discutant à la fois la doctrine de Hobbes et celle de ses critiques.

Contre la thèse d'une guerre naturelle de chacun contre tous, Rousseau reprend la position commune soutenue par les auteurs de l'école du droit naturel, à savoir la primauté de la paix par rapport à la guerre, cette dernière n'étant autre chose qu'une rupture de la paix ; par conséquent l'idée même de guerre est une idée « négative » et dérivée, relative à la définition de la paix [1]. La méthode que Rousseau suit ici n'est plus généalogique, comme dans le second *Discours*, mais synchronique : c'est dans le « système universel » des êtres qu'il faut rechercher ce qui est naturel, la « nature des choses ». Le langage utilisé suggère un contexte précis : la critique que Richard Cumberland, curé et archevêque anglican, avait adressée à Hobbes dans son *Traité philosophique des lois naturelles*, où il avait pris pour objet de sa philosophie morale « la Nature des Choses, qui forment l'assemblage de l'Univers » [2]. Selon Cumberland, pour découvrir les règles de la morale, c'est-à-dire les lois naturelles, il est nécessaire de prendre pour point de départ la contemplation du « système de l'univers » et y reconnaître la « bienveillance universelle » qui lie tous les êtres raisonnables et qui est la première des lois naturelles. Une bienveillance que l'archevêque anglican distingue de la simple passion de l'amour pour en souligner le caractère volontaire et rationnel : « Cette Bienveillance consiste donc manifestement dans une constante volonté de procurer à tous les plus grands Biens, autant que le permet la constitution de notre propre

1. Voir par exemple J.-J. Burlamaqui, *Principes du droit politique*, partie IV, chap. I, § VIII- IX, Amsterdam, Châtelain, 1751, vol. II, p. 5 : « L'état opposé à cet état d'union et de paix est ce qu'on appelle la *Guerre* ».

2. R. Cumberland, *Traité philosophique, op. cit.*, chap. I, § II, p. 39.

Nature, et celle des autres Choses »[1]. La bienveillance de Cumberland s'oppose directement à la « malveillance », la volonté de nuire que Hobbes, dans le traité *Du Citoyen*, avait attribué à tous les hommes : elle lui permet de former un concept d'état de guerre directement opposé à l'état de guerre naturel décrit par Hobbes.

Si la paix est naturelle, la guerre correspond à la violation des droits d'autrui, à un crime : « la Guerre, et la destruction de tous, est une violation des maximes de la Raison, qui défendent à chacun de s'attribuer un droit à toutes choses »[2]. Ce sont les « actes de Malveillance » qui tendent à produire comme conséquence « un État de guerre, qui entraîne une grande quantité de Peines très-rigoureuses »[3]. Dans cette optique, la guerre correspondant à un crime, le droit de la guerre lui répond en punissant l'agresseur comme un criminel. La théorie de la guerre que Cumberland oppose à Hobbes est une théorie de la guerre juste, que nous retrouvons sous la plume de John Locke et qui sera reprise dans les articles de l'*Encyclopédie* rédigés par le chevalier de Jaucourt : « mais la violence d'une personne contre une autre, dans une circonstance où il n'y a sur la terre nul supérieur commun à qui l'on puisse appeler, produit l'*état* de guerre »[4].

Ainsi, lorsque Rousseau entreprend sa recherche sur l'idée de guerre, il se confronte aux deux concepts majeurs d'« état de guerre » que le débat autour du « système de Hobbes » a produit. Le premier est le concept hobbesien d'un état de

1. R. Cumberland, *Traité philosophique*, *op. cit.*, chap. I, § XIII, p. 57.

2. *Ibid.*, chap. V, § XXIV, p. 251.

3. *Ibid.*, chap. V, § XXXVII, p. 277.

4. *Encyclopédie ou dictionnaire raisonné des sciences, des arts et des métiers*, Paris, Brisson, vol. VI, article « État de nature », p. 17.

guerre naturel entre les individus, un état qui est pour ainsi dire
la matrice non seulement de l'état de guerre entre États, mais
aussi du pouvoir souverain lui-même. Pour Hobbes le droit
dont le souverain jouit n'est rien d'autre que le droit à toute
chose qui revient à chacun dans l'état de nature et que seul le
souverain conserve dans la société civile. Mais ce droit à tout
est un droit *à* la guerre et un droit *de* guerre, qui s'étend au
corps et à la vie des autres : c'est un droit de tuer. L'idée que la
guerre est à l'origine du lien politique se retrouve également
dans l'autre concept d'état de guerre que l'on oppose à Hobbes
et qui est construit sur les catégories de la guerre juste. Chaque
individu ayant, selon Locke, le pouvoir de punir les viola-
tions de la loi naturelle, l'exercice de ce pouvoir n'est rien
d'autre que le droit de guerre que chacun peut exercer contre
tout agresseur injuste qui produit l'état de guerre. Et c'est ce
même pouvoir – le pouvoir exécutif de la loi de nature – que les
hommes transfèrent à la société lorsqu'ils quittent l'état de
nature pour s'unir dans l'état civil. Ces deux conceptions de
l'état de guerre supposent une naturalité de la guerre et du
pouvoir politique dans son origine première : derrière l'artifi-
cialité du Léviathan, il y a la naturalité du droit de la guerre.
Rousseau renverse le rapport entre guerre et pouvoir politique
et fait de la guerre un phénomène purement politique.

En effet, sa déduction de la guerre à partir de la « nature
des choses », bien qu'inspirée par le texte de Cumberland, s'en
éloigne bientôt en niant la possibilité d'une harmonie universelle : la poursuite par chacun de son bien-être peut impliquer
la souffrance d'un autre être sensible. Le mal individuel n'est
donc pas nécessairement dû à la « malveillance » et cela permet
de réfuter à la fois l'anthropologie hobbesienne d'un homme
doué d'une volonté de nuire et le modèle anthropologique des
théoriciens de la guerre juste qui attribuent au « méchant » la

rupture de l'ordre naturel, de la paix. L'absence d'un équilibre harmonique régissant l'univers et ses parties n'implique ni une guerre naturelle ni une relation moralement asymétrique entre le « bienveillant » et le « malveillant ». Par conséquent la paix demeure, malgré le mal que peuvent souffrir des êtres particuliers. Dans cette optique, Rousseau souligne que, bien que corrélatifs, les deux mots de guerre et de paix n'ont pas la même extension : « le second renferme une signification beaucoup plus étendue, attendu qu'on peut interrompre et troubler la paix en plusieurs manières sans aller jusqu'à la guerre ». Reprenant de manière synchronique et systématique la généalogie du conflit et de la guerre exposée dans le second *Discours*, il recherche le point précis où, dans la constitution de l'univers, la paix cède sa place à la guerre : la guerre a lieu non pas au moment où apparait l'opposition entre le bien-être de l'un et la souffrance de l'autre, mais exclusivement quand « les choses en sont au point qu'un être doué de raison est convaincu que le soin de sa propre conservation est incompatible non seulement avec le bien-être d'un autre mais avec son existence ; alors il s'arme contre sa vie et cherche à le détruire avec la même ardeur dont il cherche à se conserver [...] L'attaqué, sentant que la sûreté de son existence est incompatible avec l'existence de l'agresseur, attaque à son tour de toutes ses forces la vie de celui qui en veut à la sienne ». La guerre est donc une relation qui se produit lorsqu'intervient « la volonté constante réfléchie et manifestée de détruire son ennemi »[1].

1. Voir *supra*, p. 25-26. Sur le caractère politique de la guerre voir aussi, dans une perspective interprétative un peu différente, B. Bachofen, *Les raisons de la guerre, la raison dans la guerre. Une lecture des* « Principes du droit de la guerre », dans J.-J. Rousseau, *Principes du droit de la guerre. Écrits sur la paix perpétuelle, op. cit.*, p. 176-178 ; du même, « La nation, la patrie, le pays. La

Cette définition de la guerre, qui apparaît comme l'exact contraire de la bienveillance de Cumberland, est intéressante à plusieurs égards. D'abord, il s'agit d'une définition qui, s'appuyant sur la nature des choses, est antérieure à toute considération juridique : elle n'est liée à aucun droit, ni le droit de chacun à tout, comme chez Hobbes, ni le droit de celui qui est lésé par un agresseur injuste, comme chez Cumberland et les théoriciens de la guerre juste. La définition de la guerre précède donc la détermination du droit de la guerre. En outre, la référence à la « volonté réfléchie » permet d'exclure de l'idée de guerre non seulement la violence occasionnelle, mais aussi tout ce qui concerne l'instinct et l'animalité : la guerre ne vient pas de la dimension animale de l'homme mais fait partie du monde moral et rationnel. Comme Rousseau l'avait écrit dans le second *Discours*, c'est une conséquence de la perfectibilité et du développement moral et social. Enfin, la détermination du statut des sujets belligérants ne précède pas la définition de la guerre mais se déduit progressivement au cours de la définition de la guerre : Rousseau prend pour point de départ les êtres qui composent l'univers, passe aux êtres sensibles, pour arriver enfin aux êtres doués de raison. La guerre étant une relation, la déduction se prolonge par la recherche de ce qui peut produire une condition d'incompatibilité mutuelle qui met en cause l'existence même des êtres en relation et s'accompagne de leur volonté réciproque de s'entredétruire. Il devient donc nécessaire d'appliquer la définition aux différents « états » où peuvent se trouver des êtres doués de raison : l'état de nature et l'état social.

question de l'appartenance politique chez Rousseau », *Annales de la Société Jean-Jacques Rousseau*, L, 2012, p. 267-298.

Sans suivre de plus près le raisonnement de Rousseau, on retiendra sa conclusion : la guerre est «un état permanent qui suppose des relations constantes», elle ne peut avoir lieu d'homme à homme ni dans l'état de nature ni dans l'état civil. Après avoir exclu la possibilité d'une guerre interindividuelle, Rousseau passe à l'examen de «l'état social». La définition de l'idée de guerre demande alors la prise en compte de la «nature» des États et suppose des notions exactes «sur l'essence du corps politique». Il est donc évident, pour Rousseau, que la détermination des «principes du droit de la guerre» requiert une définition préalable des «principes du droit politique». À partir de ce point, l'argumentation se développe en trois temps.

En un premier temps, après avoir constaté l'inévitable pluralité des États, point déjà souligné par le second *Discours*, l'étude des relations externes entre les corps politiques vise à démontrer la différence radicale qui sépare l'état de nature au niveau individuel et l'état de nature interétatique. Ce qui rend impossible toute comparaison entre individus et États – on ne peut appliquer à la politique extérieure la même logique qu'à la politique interne – et met hors jeu l'idée d'une société existant naturellement entre les nations. C'est au niveau interétatique que l'état de nature correspond à un état de guerre véritable.

En deuxième lieu, en considérant l'essence du corps politique, Rousseau démontre que la fin de la guerre, à savoir la destruction de l'état ennemi, consiste en la destruction de son «principe de vie», de son «cœur», qui est le pacte social. Ici l'analyse est indiscutablement originale et novatrice : la guerre cesse d'être pensée du point de vue du «prince», du «seigneur» dans un de ses sens traditionnels, et donc comme un phénomène dérivé du combat «singulier» et «privé», elle est au contraire saisie comme un phénomène spécifiquement politique. Si la fin de la guerre est la destruction de l'état ennemi, le véritable ennemi est la *polis*, la personne morale.

Cette thèse, d'une part, permet d'expliquer le caractère presque permanent de l'état de guerre : la destruction de la « personne publique » est rendue difficile en raison du caractère immatériel et moral des facteurs qui la produisent et en garantissent l'unité. D'autre part, cette définition politique de la guerre rend possible le passage au troisième temps de l'argumentation : de l'idée de guerre et de l'état de guerre, de la guerre comme une donnée naturelle dans les relations entre États, on parvient enfin au droit de la guerre, à ce qui rend la guerre « légitime ». Ce passage est annoncé peu avant la fin du manuscrit sur les *Principes du droit de la guerre :* pour rendre la guerre légitime il faut une déclaration. Dans ce manuscrit principal comme dans les fragments séparés le raisonnement est seulement amorcé, le discours s'interrompt avant d'arriver à un plein développement du « droit de la guerre » : les conclusions ne seront présentées que dans le chapitre IV du livre I du *Contrat social*. Mais les prémisses sont claires : si la fin de la guerre est la destruction de l'État ennemi, on peut y parvenir sans verser le sang des hommes : « Si le pacte social pouvait être tranché d'un seul coup, à l'instant il n'y aurait plus de guerre ; et de ce seul coup l'État serait tué, sans qu'il mourut un seul homme »[1]. La conséquence implicite du raisonnement est que la guerre, en tant que telle, ne produit aucun droit de tuer des êtres humains. Seulement dans sa dimension factuelle elle comporte une dislocation de sa fin : on frappe les hommes parce qu'il est très difficile, sinon impossible, d'atteindre directement le « cœur » de l'État. Par conséquent, afin de

1. Voir *supra*, p. 47.

rendre effectif le «droit de la guerre», c'est-à-dire le droit de détruire les «choses» et les «personnes», il faut rendre la guerre légitime, et donc passer du plan des faits à celui du droit et ce passage est possible seulement par une déclaration formelle.

C'est dans le fragment rédigé sur la dernière page du Manuscrit de Genève que Rousseau jette les bases du «droit de la guerre» autorisé par sa déclaration formelle : «L'étranger qui vole, pille et détient les peuples sans déclarer la guerre au prince, n'est pas un ennemi, c'est un brigand, et même en pleine guerre un prince juste s'empare en pays ennemi de tout ce qui appartient au public, mais il respecte la personne et les biens des particuliers, il respecte les droits sur lesquels est fondé son propre pouvoir. La fin de la guerre est la destruction de l'état ennemi [...] Or la guerre ne donne aucun droit qui ne soit nécessaire à sa fin »[1].

LES PRINCIPES DU DROIT DE LA GUERRE
ET LA PENSÉE POLITIQUE DE ROUSSEAU

Il n'est pas possible de discuter ici dans le détail le contenu du *ius in bello* que Rousseau synthétise en quelques lignes dans le *Contrat social*[2]. Il s'agit de toute façon d'un

1. Voir *supra*, p. 62-63.
2. Sur ce point je me permets de renvoyer à G. Silvestrini, «Vattel, Rousseau et la question de la "justice" de la guerre», *in* V. Chetail, P. Haggenmacher (éd.), *Vattel's International Law in a xxist Century Perspective*, Leiden, Martinus Nijhoff Publishers, 2011, p. 101-129. Sur l'importance de la réflexion sur la guerre dans l'ensemble de la pensée politique de Rousseau voir les contributions de F. Guénard, C. Spector et

développement demeuré inabouti puisque le projet de présenter les « vrais principes du droit de la guerre » annoncé dans l'*Émile* ne sera jamais réalisé. Cependant, les développements que Rousseau a consacrés à la guerre permettent de mieux saisir sa méthode, ainsi que la structure et le sens de sa pensée politique. Dans l'introduction du manuscrit des *Principes du droit de la guerre* nous lisons : «je me bornerai comme j'ai toujours fait à examiner les établissements humains par leurs principes, à corriger, s'il se peut, les fausses idées que en donnent des auteurs intéressés ; et à faire au moins que l'injustice et la violence ne prennent pas impudemment le nom de droit et d'équité » [1]. « Comme j'ai toujours fait » : en 1755-1756 Rousseau affirme avoir toujours adopté comme méthode la recherche des « vrais » principes des institutions humaines, en dénonçant les « faux » principes que les « jurisconsultes » utilisent pour justifier l'oppression et la violence. Cette méthode, en effet, était déjà à l'œuvre dans le second *Discours* [2], dans l'article *Economie politique* et dans le *Manuscrit de Genève*, où il écrit : «tous ceux qui ont traité de cette matière ont toujours fondé le gouvernement sur des Principes arbitraires, qui ne découlent point de la nature de ce Pacte » [3].

B. Bernardi dans J.-J. Rousseau, *Principes du droit de la guerre. Écrits sur la paix perpétuelle, op. cit.*, p. 193-330.

1. Voir *supra*, p. 23.

2. «Cette même étude de l'homme originel, de ses vrais besoins, et des principes fondamentaux de ses devoirs, est encore le seul bon moyen qu'on puisse employer pour lever ces foules de difficultés qui se présentent sur l'origine de l'inégalité morale, sur les vrais fondements du corps politique, sur les droits réciproques de ses membres », OC III, p. 126.

3. *Du contract social (Manuscrit de Genève), op. cit.*, L. I, chap. VII, OC III, p. 75.

Il est vrai que nous ne rencontrons la double expression
« principes du droit politique » et « principes du droit de la
guerre » ni dans le Manuscrit de Genève ni dans les *Principes
du droit de la guerre*. Mais la méthode de déduction y est à
l'œuvre. Et comme l'affirment de nouveau l'*Émile* et le
Contrat social, cette méthode consiste dans la déduction des
« vrais principes » de la « nature des choses » : la « nature du
pacte » de la « nature de l'homme » (de ce que les hommes sont
par nature), la « nature de la société » de la « nature du pacte »
qui lui donne naissance, le droit de la guerre de la définition de
la guerre tirée de la nature des hommes et des sociétés politiques[1]. Un enchaînement logique unit donc étroitement,
même quand les termes ne sont pas encore présents, les
principes du droit naturel, les principes du droit politique et les
principes du droit de la guerre. Une unité profonde relie, au-
delà des changements, les ouvrages politiques de Rousseau :
au prisme de la guerre, il devient difficile d'opposer dans le
développement de sa pensée un moment « critique » de dia-
gnostic des maux de la société (qui correspondrait aux deux
Discours) à un moment « constructif » de prescription des
remèdes (dans l'*Émile* et le *Contrat social*). La vérité du
second *Discours*, la dégénérescence inévitable des sociétés
civiles, est au fond la vérité de la philosophie politique de
Rousseau, qui ne forge pas le rêve d'un monde entièrement
guéri du mal.

---

1. *Émile*, OC IV, p. 837-839 : « Nos principes du droit politique sont cette
échelle [...]. Nos éléments sont clairs, simples, pris directement de la nature des
choses [...]. Le contrat social est donc la base de toute société civile, et c'est
dans la nature de cet acte qu'il faut chercher celle de la société qu'il forme » ;
voir aussi OC III, p. 358 : « Ces principes [...] dérivent de la nature des choses et
sont fondés sur la raison ».

Les « remèdes » ne sont que temporaires et partiels, comme le démontre la République romaine, le « modèle » de tous les peuples libres, « le meilleur Gouvernement qui ait jamais existé »[1]. Rome est un modèle non seulement en ce qui concerne la constitution interne de l'État, mais aussi la politique extérieure, comme l'écrit Rousseau dans la note du chapitre IV, livre I, du *Contrat social*, qui sera ajoutée à l'édition de 1782 : les Romains « ont mieux entendu et plus respecté le droit de la guerre qu'aucune nation du monde […] sont ceux qui ont le moins souvent transgressé leurs lois et ils sont les seuls qui en aient eu de si belles »[2]. Le modèle de Rome nous rappelle les limites intrinsèques de la politique, la fragilité des institutions libres, destinées tôt ou tard à périr; mais il nous rappelle également l'impossibilité de séparer, de trancher nettement entre bien et mal, d'éliminer de manière définitive les « inconvénients » : de quelque manière que ce soit, la liberté a toujours un prix. Un prix dont fait partie l'impossibilité de séparer les droits du citoyen des devoirs du soldat. La figure du « citoyen-soldat » est au cœur du républicanisme de Rousseau et, simultanément, incarne la contradiction fondamentale des institutions sociales que ses ouvrages dénoncent depuis le second *Discours* jusqu'à l'*Émile* : la contradiction entre l'homme et le citoyen, entre la paix intérieure et l'état de guerre interétatique. La manifestation de cette contradiction est, selon Victor Goldschmidt, une des grandes découvertes de Rousseau[3]. L'absence de toute tentative pour la résoudre de manière définitive, de clore le cercle de la vertu et du bonheur, est peut-être

---

1. *Lettres écrites de la montagne*, VI, OC III, p. 809.

2. Voir *supra*, p. 70.

3. V. Goldschmidt, *Anthropologie et politique. Les principes du système de Rousseau*, Paris, Vrin, 1983, p. 631.

pour nous, aujourd'hui, l'élément le plus intéressant de sa pensée, alors que le rêve d'une globalisation de la démocratie est de plus en plus perturbé par « le bruit affreux » de la guerre.

Dans cette optique, la « table des matière » de la dernière section des *Institutions politiques* que le sommaire d'*Émile* expose ne nous parait pas affectée d'un vice théorique de fond qui aurait induit Rousseau à abandonner l'ouvrage projeté. Il faut chercher ailleurs les raisons de cet abandon. La structure théorique est claire : les remèdes à la contradiction ne sont que partiels et ne permettent pas de dépasser l'horizon de la guerre. Les grandes républiques, comme celle de Rome, peuvent compter sur leur force pour faire respecter un droit de la guerre qui, selon Rousseau, fait partie de leur législation particulière mais ne correspond pas à un droit des gens universel. Les petites républiques, elles, peuvent trouver dans les ligues et les confédérations un instrument pour se protéger d'un « injuste agresseur », mais cet instrument n'est pas universalisable car il fonctionne seulement sous condition d'égalité : égalité de taille et égalité de gouvernement politique. La réalité inter-étatique est en revanche caractérisée par l'inégalité structurelle et la compétition.

Au vu de ce qui précède, il est possible d'avancer une hypothèse qui expliquerait pourquoi, dans le sommaire de l'*Émile*, à côte des vrais principes du droit politique et du droit de la guerre, nous ne trouvons pas mention d'une recherche à faire sur les « principes du droit des gens ». Absence surprenante dans la mesure où, selon la tradition accréditée, le droit de la guerre est une section du droit des gens. Or n'est-ce pas précisément la critique radicale que fait Rousseau d'une « société des nations », sa définition de l'état de nature interéta-tique comme un état de guerre, qui rend impossible de disposer d'une « nature des choses » à partir de laquelle on pourrait déduire des normes universelles concernant les relations externes des États? On peut voir ici le point de rupture majeur entre la théorie rousseauiste des relations internationales et la doctrine des «pères fondateurs» du droit international classique: dans leurs ouvrages, le postulat de l'existence d'une «société des nations», d'une «société générale du genre humain», permet de déduire les normes universelles d'un droit de gens rationnel. Or c'est ce postulat même que Rousseau récuse.

CONCLUSIONS

À l'aune de catégories conceptuelles contemporaines, il est difficile de ramener la pensée de Rousseau à l'une ou l'autre des grandes traditions théoriques sur les relations internationales. De la tradition «réaliste», celle de Hobbes, l'éloigne sa conception de l'état de guerre et encore plus des «principes du droit de la guerre»; sa critique de la société des nations et d'une guerre juste ayant pour fin la «punition» de l'agresseur l'éloigne encore plus radicalement de la vision «rationaliste» d'une moralité des États qui s'appuierait sur une coopération internationale. De même, les prémisses universalistes du globalisme juridique sont rejetées par Rousseau. Enfin, il ne faut pas l'oublier non plus, ses *Principes du droit de la guerre* nous rappellent que l'auteur du *Contrat social* n'est pas un pacifiste.

Où se trouverait l'intérêt de la philosophie de Rousseau aujourd'hui? Peut-être précisément dans cette absence d'un point archimédien permettant de fermer le cercle, dans la tentative de tenir ensemble le regard réaliste, la rigueur normative et l'attitude critique. Le passage de l'état de nature à l'état social, qui produit dans l'homme un « changement très remarquable, en substituant dans sa conduite la justice à l'instinct »[1], ne correspond pas simplement à un mouvement progressif vers un état meilleur, il est à la fois une conquête et une perte, l'entrée dans le monde moral et dans le théâtre du mal. Dans cette perspective, Rousseau nous rappelle les limites intrinsèques de toutes les institutions humaines qui, sans en exclure les institutions légitimes, n'ont pas le don thaumaturgique de libérer l'homme du mal.

L'échec de la vertu morale et politique qui hante le destin individuel de Julie et d'Émile, aussi bien que celui des républiques les mieux constituées, ne correspond pas à un échec de la philosophie politique de Rousseau. C'est, au contraire, le moment de synthèse le plus haut entre son réalisme, son exigence normative et son attitude critique : la recherche de « vrais principes » qui puissent orienter la conduite des individus et des peuples ne vise pas à l'instauration démiurgique du royaume du bien. Il s'agit plutôt d'offrir un critère d'action permettant d'allier la quête de la justice et le sentiment de la finitude constitutive qui caractérise la condition humaine, dans la conscience du risque que court tout projet palingénésique de se renverser en son exact contraire, comme la Ligue Européenne de l'abbé de Saint-Pierre qui pourrait faire « peut-être plus de mal tout d'un coup qu'elle n'en préviendrait pour des siècles »[2].

---

1. *Du contract social (Manuscrit de Genève)*, L. I, chap. III, *op. cit.*, p. 49.

2. Ce sont les derniers mots du *Jugement* de Rousseau sur le projet de l'Abbé de Saint-Pierre, dans J.-J. Rousseau, *Principes du droit de la guerre. Écrits sur la paix perpétuelle*, *op. cit.*, p. 126.

PUISSANCE ET SOUVERAINETÉ :
SUR LA DOUBLE NATURE DU CORPS POLITIQUE

par

Bruno Bernardi

La pensée politique de Rousseau est avant tout connue par
le *Contrat social* et, dans une certaine mesure, par les textes
qu'il a consacrés à Genève, la Corse et la Pologne. Dans
le premier cas, il s'agit d'établir des principes, dans les trois
autres de considérer à leur lumière une société particulière[1];
mais c'est toujours de la constitution des corps politiques qu'il
est question, autrement dit de ce que l'on appelle droit politique interne. Les questions de droit politique externe (le droit
des gens dans la langue du XVIIIᵉ siècle) n'y sont abordées

---

1. Dans les *Lettres écrites de la montagne* (1764), le *Projet de constitution
pour la Corse* (1765) et les *Considérations sur le gouvernement de Pologne*
(1771) Rousseau n'applique pas, comme on le dit parfois, ses «principes
du droit politique»; ils lui servent de guide, et c'est bien autre chose, pour
l'analyse qu'il fait de ces trois sociétés en un moment chaque fois spécifique de
leur histoire.

qu'au titre de circonstances. Les *Principes du droit de la guerre*, en revanche, s'ils évoquent la constitution interne du corps politique lorsque cela est requis par l'argumentation[1], ont pour objet propre une série de thèses qui concernent la définition de la guerre comme rapport entre les États, l'état de guerre latent qui règne entre eux et les règles qu'ils doivent respecter dans leurs conflits. Dans un premier temps je dégagerai ces thèses qui sont en quelque sorte le pendant de celles développées par le *Contrat social* : Rousseau a lui-même établi ce parallèle en donnant pour sous-titre au *Contrat social* «*Principes du droit politique*»[2]. Mais cette présentation en diptyque ne suffit pas pour rendre compte de ce qui est à mes yeux l'apport essentiel des *Principes du droit de la guerre*. Je tenterai en effet de montrer, dans un second temps de mon propos, que la lecture des *Principes du droit de la guerre* ne complète pas seulement celle des *Principes du droit politique,* elle doit modifier notre compréhension d'ensemble de la pensée de Rousseau en désignant comme un de ses points névralgique (au sens à la fois de décisif et de douloureux) : la *double nature du corps politique*[3].

1. Voir *supra*, p. 41 et p. 46-47.

2. Cette première partie, volontairement synthétique, est largement redevable au commentaire détaillé établi par Blaise Bachofen (avec la collaboration de B. Bernardi, F. Guénard, G. Lepan et C. Spector) sous le titre « Les raisons de la guerre. La raison dans la guerre. Une lecture des Principes du droit de la guerre », dans J.-J. Rousseau, *Principes du droit de la guerre. Écrits sur la paix perpétuelle, op. cit.*, p. 131-192.

3. Cette seconde partie prolonge en un sens la réflexion engagée par le commentaire de Florent Guénard (avec B. Bachofen, B. Bernardi, G. Lepan, C. Spector et G. Waterlot) sous le titre « Puissance et amour de soi : la théorie de la guerre dans la pensée de Rousseau », in J.-J. Rousseau, *Principes du droit de la guerre. Écrits sur la paix perpétuelle, op. cit.*, p. 193-228.

GUERRE, ÉTAT DE GUERRE, DROIT DE LA GUERRE :
UN VERSANT MÉCONNU DES PRINCIPES DE ROUSSEAU

Il faut d'abord reconnaître que le statut du texte inachevé que nous avons reconstitué avec Gabriella Silvestrini est instable[1]. Sa rédaction, plus élaborée que celle d'un premier brouillon, n'est pas encore celle d'une copie mise au net. D'un point de vue rhétorique, on est frappé par le contraste entre la passion avec laquelle sont dénoncés les ravages infligés aux peuples par la guerre et le registre à la fois abstrait et analytique qui gouverne l'exposition des idées. Le premier trait s'explique sans doute par les circonstances qui ont suscité ou du moins accompagné la rédaction de ce texte. Le siècle des Lumières est loin d'être un siècle pacifique, la guerre y couve en permanence et dévaste l'Europe à plusieurs reprises. Pour s'en tenir aux conflits généralisés, les guerres de successions d'Espagne (1701-1713) et de succession d'Autriche (1740-1748) ont été particulièrement meurtrières. Au moment où Rousseau rédige son texte, la « Guerre de sept ans » (1756-1763), immédiatement précédée et en un sens préparée par le conflit qui oppose anglais et français pour le contrôle du Canada, va embraser l'Europe. Elle se traduit d'emblée par de lourdes pertes humaines et de grandes souffrances pour les civils. L'indignation de Rousseau est donc concrètement motivée : elle nait du démenti cinglant que le spectacle de ces violences oppose à la prétention des européens qui se targuent de représenter le *summum* de la civilisation. Mais très vite, il se place au niveau des principes et raisonne en philosophe politique. C'est sur ce terrain que nous le suivrons.

---

1. Voir notre introduction à ce volume.

Son point de départ est un constat apparemment simple : il y a une contradiction manifeste entre l'ordre politique institué dans chaque société et l'absence totale de règles dans les relations des sociétés entre elles[1]. Les lois bannissent la violence entre les particuliers dans un État, l'absence de lois et d'autorité supérieure fait qu'elle est toujours prête à éclater entre les États. Mais, considérée du point de vue des peuples, la réalité est pire : l'ordre intérieur est pour eux celui de la servitude. Les souverains infligent à leurs sujets une double violence, celle de leur domination et celle des conflits qui les opposent entre eux. Les peuples souffrent à la fois de l'injustice et de la guerre. C'est à partir de ces constats que Rousseau va se poser toute une série de questions : Qu'est-ce qui fait que les sociétés sont dans des rapports de belligérance ? Comment se définit spécifiquement la guerre ? Y a-t-il des règles de droit concernant la guerre et quelles sont-elles ? Ces premières questions en recèlent une autre, tout aussi cruciale pour lui : si l'on peut envisager – comme il le fait dans le *Contrat social* – qu'une société sans servitude soit possible, dans laquelle le peuple serait souverain et les citoyens exempts de toute servitude, comment cette société pourra-t-elle se soustraire au principe de rivalité qui régit les rapports entre États ? Pour répondre à ces questions, Rousseau produit une série de distinctions conceptuelles dont, chaque fois, il tire ce que l'on peut caractériser comme des thèses.

---

1. Cf. *supra*, *Principes du droit de la guerre*, p. 23 : « D'homme à homme nous vivons dans l'état civil et soumis aux lois. De peuple à peuple, chacun jouit de la liberté naturelle ; ce qui rend au fond notre situation pire que si ces distinctions étaient inconnues ». Voir également le passage de l'*Émile* reproduit *supra*, p. 71.

Pourquoi y a-t-il de la guerre ? Répondre à cette première question, c'est devoir se confronter à Hobbes[1]. Pour celui-ci, l'hostilité est inhérente à l'état naturel des relations entre les hommes : tous ayant le même droit sur toutes choses, chacun prête à autrui le désir de se les approprier et d'user pour cela de la force qui permet à tout homme de menacer la vie d'un autre. La peur réciproque que les hommes s'inspirent est ainsi la source d'une « guerre de tous contre tous »[2]. On le sait, le second *Discours* avait réfuté cette thèse : il n'y a, dans l'état de nature, aucune relation établie entre les hommes, pas plus d'hostilité que de sociabilité. Mais ici, il ne s'agit pas seulement de réfuter la thèse de Hobbes, il faut encore expliquer d'où vient la guerre. Pour cela, Rousseau établit une première distinction : les conflits occasionnels (« la discorde, la querelle ») d'une part et la guerre de l'autre sont deux réalités bien différentes[3]. Les premiers peuvent avoir un objet circonstanciel et présent : il peut en résulter de la violence, mais elle sera limitée et momentanée. La guerre implique bien plus : c'est l'existence même de celui contre lequel on se bât qui est jugée incompatible avec la sienne propre et, pour cette raison, l'hostilité est d'emblée inscrite dans la durée. La guerre se définit comme « la volonté constante réfléchie et manifestée de détruire son ennemi »[4]. Pour avoir confondu ces deux ordres de choses, Hobbes méconnait le caractère essentiellement

---

1. Cf. *Principes du droit de la guerre*, *supra*, p. 24 : « Mettons un moment ces idées en opposition avec l'horrible système de Hobbes ».

2. Cet enchaînement est produit par Hobbes dans *Le Citoyen ou les fondemens de la politique* (*De Cive*), trad. Samuel Sorbière (1649). Voir en particulier chap. I : « De l'état des hommes hors de la société civile », § X-XIII.

3. Cf. *supra*, *Principes du droit de la guerre*, p. 26.

4. *Ibid.*

politique de la guerre. Cette distinction et la définition qui en résulte ont toute une série d'implications.

La première est qu'il faut distinguer la guerre et l'état de guerre[1]. On pense communément la guerre en termes d'événement : la guerre éclate, elle s'éteint. Rousseau observe qu'une telle représentation empêche de comprendre pourquoi la guerre surgit et pourquoi elle revient. Les actes de guerre n'interviennent que comme actualisation d'une hostilité depuis longtemps établie et, souvent, ce qu'on appelle paix n'est qu'une suspension des combats qui manquent rarement, à plus ou moins longue échéance, de reprendre. Il en est ainsi parce que la guerre est l'expression ponctuelle, ou plutôt l'actualisation de ce qu'il faut appeler un « état de guerre ». L'état de guerre est un rapport constant et contradictoire qui fait que deux êtres sont nécessairement en rapport et, simultanément, que leurs existences respectives sont incompatibles entre elles. Ce n'est donc pas tant la guerre que l'état de guerre qu'il faut expliquer.

Or ce qui vient d'être établi rend impossible de concevoir un état de guerre entre des personnes. Dans l'état de nature où les hommes n'ont aucun rapport constant entre eux (ils vivent « épars » et ne se rencontrent que de façon occasionnelle), ils peuvent bien (le second *Discours* l'avait également montré) se heurter violemment, et cela peut aller jusqu'au meurtre, mais pas constituer entre eux un état de guerre[2]. Dans l'état social non plus, dont précisément un des objets est de supprimer les

---

1. Voir *supra*, *Principes du droit de la guerre*, p. 27.

2. Rousseau décrit l'homme de la nature « errant dans les forêts sans industrie, sans parole, sans domicile, *sans guerre, et sans liaison* » (je souligne), *Discours sur l'origine et les fondements de l'inégalité parmi les hommes*, OC III, p. 159-160.

violences interpersonnelles et de régler les conflits par la loi, il ne saurait y avoir de guerre personnelle. C'est une thèse essentielle que Rousseau établit ici et que reprendra le *Contrat social* : il ne peut y avoir à proprement parler de guerre « d'homme à homme »[1]. Mais la guerre existe bien. Et ce sont des hommes qui y meurent. Qu'est-ce donc que la guerre ? Un thèse corolaire apporte la réponse : la guerre est une relation « d'État à État »[2]. Les combattants ne s'affrontent pas comme particuliers mais comme membres de l'État : on « ne devient soldat qu'après avoir été citoyen »[3]. Cette affirmation décisive est le corollaire, paradoxal mais rigoureux, de celle du *Manuscrit de Genève* (la première version du *Contrat social*) : « nous ne commençons proprement à devenir hommes qu'après avoir été Citoyens »[4]. Ces thèses seront la base de ce que Rousseau appelle « droit de la guerre ». Mais pour l'heure, elles demandent à être expliquées. Pourquoi les rapports entre les États sont-ils ceux d'un état de guerre ?

La réponse que notre texte apporte est d'une portée considérable. Puisqu'il n'y a pas de guerre dans l'état de nature, c'est l'état civil qu'il faut considérer. Le second *Discours* avait envisagé le passage de l'un à l'autre du point de vue de l'humanité en général et de chaque homme en particulier.

---

1. Voir *supra*, *Principes du droit de la guerre*, p. 33.

2. Cf. *supra*, *ibid.*, p. 41.

3. Cf. *supra*, *ibid.*, p. 32.

4. *Du Contract social ou Essai sur la forme de la République* (*Manuscrit de Genève*), L. I, chap. II, *op. cit.*, p. 39. L'amour de la patrie et celui de l'humanité sont l'un et l'autre des modifications de l'amour de soi (chacune au demeurant inhibant l'autre) qui ne peuvent naitre que de la socialisation de l'homme qui d'un être absolu et indépendant fait un être relatif. Nous reviendrons plus loin sur cette observation.

C'est sous un angle nouveau que Rousseau l'aborde ici, celui
de la formation des sociétés politiques particulières et de leurs
rapports : « Nous entrons maintenant dans un nouvel ordre de
choses […]. De la première société formée s'ensuit nécessairement la formation de toutes les autres. Il faut en faire partie
ou s'unir pour lui résister. Il faut l'imiter ou se laisser engloutir
par elle »[1]. Nous devons entendre la radicalité de cette proposition : toute société instituée porte en elle un principe d'expansion qui ne peut déboucher que sur la constitution d'une
puissance unique ou de plusieurs puissances qui n'auront de
cesse de s'absorber. Empire mondial ou affrontement des puissances : telle est l'alternative[2]. Les individus ont renoncé à la
liberté naturelle pour la liberté civile, les sociétés, elles, restent
dans l'état de nature : « L'indépendance qu'on ôte aux hommes
se réfugie dans les sociétés, et ces grands corps livrés à leurs
propres impulsions produisent des chocs plus terribles à proportion que leurs masses l'emportent sur celles des individus »[3]. L'état de guerre est la condition des sociétés dès lors
qu'elles sont plusieurs. On pourrait penser, à partir de ce point,
que l'idée même de droit des gens est dépourvue de sens, la
force seule régissant les rapports des sociétés entre elles. Il
en est bien ainsi, et Rousseau l'avait dit d'emblée : « faute de
sanction, ses lois ne sont que des chimères »[4]. Mais il reste une

----

1. Voir *supra*, *Principes du droit de la guerre*, p. 35-36.

2. Rousseau récuse la théorie de l'équilibre des puissances en vogue au
XVIIIe siècle, *cf.* B. Bernardi, « L'idée d'équilibre européen dans le *jus gentium*
des modernes : esquisse d'histoire conceptuelle », dans *Penser l'Europe au*
XVIIIe siècle. Commerce, civilisation, empire, A. Lilti et C. Spector (dir.),
The Voltaire Foundation, 2014.

3. Voir *supra*, *Principes du droit de la guerre*, p. 36.

4. Cf. *supra*, *ibid.*, p. 24.

autre voie, celle du « droit de la guerre ». Comment faut-il
l'entendre et quelles sont ses règles ?

Il convient d'abord d'observer que Rousseau entend par
droit *les principes qui découlent de la nature d'une chose*.
Ainsi les principes du droit politique sont ceux qui découlent de la nature d'une société, laquelle implique qu'elle soit
formée par la libre volonté (une convention) de ses membres [1].
Sur le second versant où nous sommes, il s'agit de reconnaître ce qu'implique la nature de tout corps politique considéré
comme puissance. Chaque pouvoir institué tend à faire entrer
les autres sous son autorité. C'est le but de la guerre offensive.
Pour y parvenir, il faut (et il suffit) que soit détruite la volonté
de corps du peuple qu'on veut soumettre et qui fait son existence politique. Cette condition n'exige pas de détruire la
personne et les biens des particuliers ; il suffit de les soumettre
à son autorité. Rousseau envisage même une guerre sans effu-
sion de sang, nous la dirions purement idéologique, qui consis-
terait seulement à dissoudre la volonté générale qui est le
principe de vie d'un corps politique [2]. L'*Anschluss* qui vit
l'absorption de l'Autriche par l'Allemagne nazie, en 1938,
pourrait en être, d'une certaine façon, un exemple [3]. Il est également significatif que Rousseau use de la notion de *résistance*
pour parler de la guerre défensive que mène une société pour
conserver son indépendance.

Les règles du droit de la guerre sont donc strictement
fixées par les principes qui découlent de la définition de la

---

1. *Du Contrat social*, L. I, chap. v.

2. Cf. *supra*, *Principes du droit de la guerre*, p. 46-47.

3. Le plébiscite du 10 avril 1938 sanctionne le renoncement du peuple
autrichien ; mais cet ultime épisode avait été précédé d'une quasi guerre civile et
d'un coup d'état qui en ont été les conditions de possibilité.

guerre (c'est un rapport d'État à État) et de son but
(l'absorption d'un État par un autre)[1]. Ces règles sont proches
de celles que nous trouvons aujourd'hui dans les conventions
de Genève. La guerre doit être déclarée, parce que cette
déclaration distingue la violence exercée par un État sur un
autre des exactions que des bandits infligent à des particuliers.
Puisque ce sont les États qui sont ennemis et non leurs
membres, la vie et les biens des particuliers (les civils) doivent
être protégés : ils sont par destination sous la protection de la
puissance dont le but est de les faire rentrer sous sa propre
autorité. Puisque les combattants ne sont ennemis que comme
soldats, c'est seulement en raison de la menace directe qu'ils
représentent que leur vie peut être attaquée : les blessés, les
prisonniers ne sont plus combattants, leur vie doit être
préservée et leur liberté personnelle rendue. Il n'y a ni « droit
de vie et de mort » ni « droit d'esclavage » des vainqueurs sur
les vaincus. Ces principes que Rousseau oppose à ceux de
Grotius et de Pufendorf sont repris par le *Contrat social*[2].

Ce droit de la guerre, on en conviendra, est par son objet
d'une ambition autrement réduite que celle de ce qu'on appelle
droit des gens et plus encore des projets de « paix perpétuelle »
qui, de l'Abbé de Saint-Pierre à Kant, ont occupé tant de
penseurs des Lumières. D'une certaine façon, la logique de
Rousseau ruine dans son principe un tel projet, puisque les
rapports entre sociétés sont constitutivement ceux de l'état de
guerre. Tout au plus peut-on tirer de la nature de la guerre des
règles qui en minoreraient les horreurs. C'est ce qu'on appelle
le *jus in bello* qui définit les règles de droit qui doivent être

1. Voir *supra*, *Principes du droit de la guerre*, p. 45.

2. *Du Contrat social*, L. I, chap. IV. Voir l'extrait *supra*, p. 67-69.

respectées dans la conduite de la guerre, à la différence du *jus ad bellum* qui prétend établir les justes motifs d'entreprendre une guerre. Mais ce n'est pas tout : il faudrait, pour que ce droit ait la moindre effectivité, en l'absence de toute autorité supérieure et de toute sanction, que l'on puisse se fier à la rationalité de ceux qui conduisent les guerres. Rousseau se faisait peu d'illusions à cet égard, et c'est peut-être en partie pour cela qu'il a laissé son texte inachevé. Cela ne diminue pas son importance théorique : il peut être, je vais essayer de le montrer, d'une grande fécondité pour la compréhension d'ensemble de sa pensée politique.

LES *PRINCIPES DU DROIT DE LA GUERRE* ET LA DOUBLE NATURE DU CORPS POLITIQUE

Commençons par revenir sur la thèse pivot de l'argumentation que je viens de résumer : toute société est animée d'un mouvement expansif qui s'étend virtuellement à la terre entière et, par conséquent, une pluralité de sociétés ne peut être que conflictuelle. Loin d'être une pure abstraction, ce modèle est celui de l'Europe des siècles classiques. La France et l'Espagne, sont régulièrement hantées, ou accusées de l'être, par le projet d'une « monarchie universelle ». Face à cette crainte, l'Europe post westphalienne constitue le modèle de « l'équilibre européen » conçu comme un système complexe d'alliances dans lequel la menace de la guerre et la conduite de guerres locales contreraient tout projet impérial et assureraient une espèce de paix armée[1]. Ce modèle, que Carl Schmitt a appelé le *jus publicum europaeum*, repose sur la définition de l'État comme puissance et fonde les rapports interétatiques sur la reconnaissance réciproque de leur statut de puissances[2]. Une autre façon de dire que la paix ne saurait reposer que sur la virtualité toujours sous-jacente de la guerre. La paix est une guerre suspendue. Mais loin que l'Europe soit le seul théâtre de guerre, les puissances qui la forment sont à l'époque de Rousseau engagées depuis trois siècles déjà dans les conquêtes coloniales qui suscitent l'affrontement entre elles. Au XVIIIe siècle, c'est en particulier le cas en Amérique du Nord, entre Espagnols, Britanniques et Français. La Guerre de sept ans réunit toutes ces dimensions et débouche, hors de l'Europe continentale, sur une hégémonie britannique. Pour le dire en passant, le déplacement du centre de gravité de notre monde, de l'Atlantique au Pacifique, ne semble pas avoir changé cette logique. En tout cas, lorsque Rousseau observe, en 1756, que les sociétés sont engagées dans un mouvement d'expansion qui les conduit à s'affronter, il pourrait ne faire qu'un simple constat. Mais pour l'expliquer, il en fait une nécessité inhérente à la nature même des corps politiques. Trouver cette thèse sous sa plume serait moins dérangeant s'il attribuait cette tendance bellifère aux seules sociétés non légitimes, dans lesquelles la souveraineté du peuple est confisquée par des

---

1. Les Traités de Westphalie (1648) mettent un terme aux guerres interminables auxquelles était en proie l'Empire romain germanique en reconnaissant la souveraineté territoriale (temporelle et spirituelle) de chacun des États qui le composaient. Les principes ainsi établis furent plus largement reconnus comme base pour l'organisation de l'ensemble de l'Europe.

2. C. Schmitt, *Der Nomos der Erde im Völkerrecht des Jus Publicum Europaeum*, Köln, 1950, trad. fr. *Le Nomos de la terre*, Paris, P.U.F., 2001.

monarques eux-mêmes belliqueux. Cette idée, au demeurant traditionnelle, ne lui est pas étrangère : les souverains absolus (ils ne se reconnaissent soumis à aucune loi) ont transporté dans la société civile le principe naturel d'indépendance, ce qui en fait des brigands[1]. Mais notre texte ne souffre pas d'ambiguïté, c'est sur la nature de toute société politique et sur le principe même de souveraineté (entendue alors comme le pouvoir d'obliger ses membres) que porte la proposition de Rousseau. Les *Principes du droit de la guerre* en font une thèse générale : les corps politiques sont entre eux, constitutivement, dans l'état de guerre. Une question simple et massive se pose dès lors : ce concept du corps politique est-il compatible avec celui que forme le *Contrat social* ?

Pour aborder cette difficulté, il faut commencer par l'alourdir. Dès le *Discours sur l'économie politique*, en introduisant la notion de volonté générale, Rousseau avait pris soin de souligner que celle-ci perd sa légitimité à l'égard des étrangers[2]. Cette restriction a deux implications. La première

---

1. *Du Contrat social*, L. I, chap. IV.

2. *Discours sur l'économie politique*, présenté et édité par B. Bernardi, Paris, Vrin, 2002, p. 47. Au moment même où le principe de la volonté générale vient d'être énoncé, Rousseau observe : « Il est important de remarquer que cette règle de justice, sûre par rapport à tous les citoyens, peut être fautive avec les étrangers ; et la raison de ceci est évidente : c'est qu'alors la volonté de l'État quoique générale par rapport à ses membres, ne l'est plus par rapport aux autres États et à leurs membres, mais devient pour eux une volonté particulière et individuelle, qui a sa règle de justice dans la loi de nature, ce qui rentre également dans le principe établi : car alors la grande ville du monde devient le corps politique dont la loi de nature est toujours la volonté générale, et dont les États et peuples divers ne sont que des membres individuels ». On sait le peu le crédit que Rousseau accorde, sur le plan politique, à la solution cosmopolitique que ce texte feint d'envisager.

est que l'on n'a d'obligations qu'envers la société à laquelle on appartient. La seconde est qu'une société ne protège par ses lois que les droits de ses membres. Bien qu'on exagère souvent la place et la portée de cet énoncé, c'est une conséquence logique qu'en tire l'*Émile* : « Toute société partielle, quand elle est étroite et bien unie, s'aliène de la grande. Tout patriote est dur aux étrangers : ils ne sont qu'hommes, ils ne sont rien à ses yeux »[1]. Les membres d'un corps politique obéissent à des règles de conduite bien différentes suivant qu'ils sont en rapport avec leurs concitoyens ou avec des étrangers. Or cette dualité trouve son fondement dans ce que le *Contrat social* oblige à penser comme la double nature du corps politique. On peut y lire en effet que celui-ci « est appelé *État* quand il est passif, *Souverain* quand il est actif, *Puissance* en le comparant à ses semblables »[2]. L'apparence ternaire de cette formulation est évidemment trompeuse. Dans la pensée de Rousseau, l'État procède du Souverain et n'a de consistance que par lui. Le peuple souverain (l'ensemble des citoyens) constitue le corps politique ; l'État est sa double réplique, comme commis à l'application de la volonté souveraine (c'est l'administration des lois par le gouvernement) et comme soumis à cette application (c'est l'obéissance requise des sujets). Rousseau le dit fermement : les lois politiques, les seules dont traite le *Contrat social*, concernent « l'action du corps entier agissant sur lui-même, c'est-à-dire le rapport du tout au tout, ou du Souverain à l'État »[3]. À lire rigoureusement ces textes, nous devons comprendre, que dans ses rapports avec « ses semblables », le corps

1. *Émile*, L. I, OC IV, p. 248.
2. *Du Contrat social*, L. I, chap. VI.
3. *Ibid.*, L. II, chap. XII.

politique se définit d'une toute autre façon : comme puissance.
Il y a donc deux concepts du corps politique hétérogènes.
L'un trouve son fondement dans la souveraineté de la volonté
générale ; il relève du droit politique. L'autre lui échappe et
définit le corps politique comme puissance. S'il fallait en rester
là, il faudrait admettre que le constat des *Principes du droit
de la guerre* est insurmontable : toute « société particulière »
– quand même elle se donne « une règle d'administration
légitime et sûre »[1] – reste livrée, comme puissance, à une totale
anomie.

Une première remarque nous fera nuancer cette conclusion. Les membres du corps politique ne sont pas seulement
envisagés par le *Contrat social* comme citoyens et comme
sujets, mais aussi comme « défenseurs de la patrie ». Cette
expression est rigoureusement choisie. Elle implique d'abord
que la protection de ses membres (de leurs vies et de leurs
biens) est un des premiers devoirs du peuple souverain pris
dans son unité et de chaque citoyen pris en particulier. Chacun
doit être prêt à risquer sa vie pour préserver celle de tous[2]. Pour
cette raison, et de multiples façons, la guerre est un des objets
du droit politique. Mais précisément, ce second point est essentiel, c'est de guerre défensive et seulement de guerre défensive
qu'il s'agit alors. La considération du corps politique comme
puissance, dans les *Principes du droit de la guerre*, lui attribue
également des tendances offensive et défensive : toute société
tend, au maximum, à « engloutir » les autres et, au minimum, à

---

1. *Du Contrat social*, L. I, préambule.

2. Précisons que, dans la pensée de Rousseau, risquer sa vie ne veut pas
dire la sacrifier : B. Bernardi « Le droit de vie et de mort selon Rousseau : une
question mal posée ? », *Revue de Métaphysique et de Morale*, n° 1, janvier-mars
2003, p. 89-106.

« résister » pour conserver son indépendance. La considération du corps politique comme institution d'un peuple souverain, dans le *Contrat social*, ne peut légitimer que la guerre défensive, et il y a une différence fondamentale dans la façon de conduire une guerre défensive et une guerre défensive[1]. La double nature du corps politique est donc porteuse de deux concepts profondément distincts de la souveraineté, celui du peuple souverain d'un côté, celui de la puissance souveraine de l'autre, et par conséquent de deux conceptions différentes de la guerre.

Une fois cette dualité identifiée, on peut reconnaître la place qu'elle occupe dans les principes du droit politique. Un autre passage du *Contrat social* revêt de ce point de vue une importance principielle que sa forme ironique (souvent incomprise) peut dissimuler aux yeux du lecteur. Rousseau y montre comment la définition de la souveraineté comme appropriation d'un « domaine réel » (la maitrise d'un territoire) peut être l'instrument d'une domination personnelle : « On conçoit comment les terres des particuliers réunies et contiguës deviennent le territoire public, et comment le droit de souveraineté s'étendant des sujets au terrain qu'ils occupent devient à la fois réel et personnel ; ce qui met les possesseurs dans une plus grande dépendance, et fait de leurs forces mêmes les garants de leur fidélité. Avantage qui ne paraît pas avoir été bien senti des anciens monarques qui ne s'appelant que rois des Perses, des Scythes, des Macédoniens, semblaient se regarder comme les chefs des hommes plutôt que comme les maîtres du pays. Ceux

---

1. Pour le défenseur de la patrie, parce qu'il est d'abord citoyen, les soldats ennemis ne le sont qu'accidentellement et, voyant en eux les hommes qu'ils sont essentiellement, il les traitera avec humanité. Voir *supra*, p. 63 et p. 67-69.

d'aujourd'hui s'appellent plus habilement rois de France, d'Espagne, d'Angleterre etc. En tenant ainsi le terrain, ils sont bien sûrs d'en tenir les habitants »[1]. La souveraineté conçue comme puissance s'exerce sur un territoire, la souveraineté conçue comme autorité légitime s'exerce sur les hommes. L'une s'impose par les armes (à l'intérieur comme à l'extérieur), l'autre se fait respecter par le consentement des citoyens et se défend par la vertu civique des défenseurs de la patrie.

Comme souvent chez Rousseau, l'approche généalogique éclaire cette dualité théorique. Sa réflexion sur la pérennité politique du peuple juif en est l'occasion[2]. Comment comprendre, comme dit le *Contrat social*, que « la loi judaïque » soit « toujours subsistante »[3] ? Car c'est bien une énigme : « ils n'ont plus de chefs et sont toujours un peuple, ils n'ont plus de patrie et sont toujours citoyens »[4]. S'il y a des citoyens, il y a un corps politique, mais comment un corps politique pourrait-il se passer de gouvernants et, surtout, d'un territoire ? Rousseau trouve une explication à cette figure atypique : c'est la loi mosaïque qui donne sa consistance politique au peuple juif[5]. Et il en est ainsi parce que Moïse a donné ses lois à son peuple alors que celui-ci, errant dans le Sinaï et n'ayant pas encore atteint Canaan, n'avait ni territoire ni chef : le premier chef des

1. *Du Contrat social*, L. I, chap. IX. Avec la constitution de 1791, Louis XVI, Roi de France avant la Révolution, devient Roi des Français.

2. Je résume ici quelques points d'un article récent : B. Bernardi, « Le Moïse de Rousseau : législateur archétype ou atypique », in *Incidences* n° 8, *Figures de Moïse dans la philosophie politique*, Le Félin, octobre 2012.

3. *Du Contrat social*, L. II, chap. IX.

4. Cette formulation est celle d'un brouillon, Ms R 19 de Neuchâtel, f° 8 r° -9 r°, OC III, p. 498-500.

5. Ce point est développé dans les *Considérations sur le gouvernement de Pologne*, chap. II, OC III, p. 956.

juifs (en l'occurrence son grand-prêtre) n'est pas Moïse mais Aaron. Si donc le peuple juif a pu rester un peuple malgré la perte de son territoire et de ses institutions, c'est qu'il s'était formé comme peuple avant d'avoir un territoire et des institutions. Un passage remarquable de l'*Essai sur l'origine des langues* inscrit cette singularité dans un cadre anthropologique plus large[1]. Le passage à la société civile, y montre Rousseau, a été déterminé par le mode d'existence que les hommes ont adopté. Les peuples d'éleveurs, nécessairement nomades, n'étant pas dans un rapport d'appropriation avec la terre, sont naturellement pacifiques. Inversement les peuples d'agriculteurs (les chasseurs leurs sont liés par la métallurgie) sont tout aussi nécessairement voués à l'appropriation de la terre : individuellement (c'est le récit du second *Discours*) et collectivement (leurs sociétés politiques se constituent comme puissances). C'est de la lutte pour cette appropriation de la terre que naît la guerre[2]. Or, historiquement, le processus de la civilisation a été marqué par la prépondérance de ce second modèle dans lequel on doit reconnaître la logique décrite par les *Principes du droit de la guerre*.

---

1. *Essai sur l'origine des langues*, chap. IX, OC V, p. 400 (on se reportera utilement à l'annotation de ce passage).

2. Cette thèse est déjà présente dans l'incipit célèbre de la deuxième partie du second *Discours* (OC III, p. 164). La guerre est la première conséquence de l'appropriation de la terre : « Le premier qui, ayant enclos un terrain, s'avisa de dire, *ceci est à moi*, et trouva des gens assez simples pour le croire, fut le vrai fondateur de la société civile. Que de crimes, de guerres, de meurtres, que de misères et d'horreurs n'eût point épargnés au genre humain celui qui, arrachant les pieux ou comblant le fossé, eût crié à ses semblables : Gardez-vous d'écouter cet imposteur ; vous êtes perdus, si vous oubliez que les fruits sont à tous, et que la terre n'est à personne ».

Il n'est guère possible de développer ici les tenants et aboutissants de ce que je viens d'établir, mais nous pouvons reconnaître dans la pensée de Rousseau deux paradigmes distincts du corps politique qui renvoient à deux concepts de la souveraineté, comme puissance et comme autorité. D'un côté, la prééminence est donnée aux rapports réels et donc à la problématique de la propriété, de l'autre aux rapports personnels et à la problématique de la liberté.[1] Mais Rousseau, on ne le dira jamais assez, est un penseur réaliste, en ce sens précis qu'il n'imagine jamais que l'histoire puisse revenir en arrière : son objet n'est pas de revenir sur les changements qu'a entrainés le processus de civilisation de l'homme, mais de les « rendre légitimes »[2]. L'exception judaïque en restera une : le *Contrat social* n'est pas plus écrit pour des sociétés de nomades qu'*Émile* pour former un ermite. Cette dualité paradigmatique n'en conserve pas moins une importance primordiale : elle doit nous conduire à reconnaître l'enjeu essentiel qui est de savoir autour de quel paradigme se structure une société. Les réponses de Rousseau et de Schmitt sont à cet égard rigoureusement opposables[3]. Le paradigme de la puissance

1. Rousseau s'inscrit à sa façon (c'est-à-dire en la subvertissant) dans le prolongement d'une distinction de Montesquieu; *Esprit des lois*, L. XXVI, chap. XV : « Comme les hommes ont renoncé à leur indépendance naturelle pour vivre sous des lois politiques, ils ont renoncé à la communauté naturelle des biens pour vivre sous des lois civiles. Ces premières lois leur acquièrent la liberté; les secondes, la propriété ».

2. *Du Contrat social*, L. I, chap. I : « Comment ce changement s'est-il fait ? Je l'ignore. Qu'est-ce qui peut le rendre légitime ? Je crois pouvoir résoudre cette question ».

3. Carl Schmitt fait de la « prise de terre » l'acte fondateur de la politique. Voir B. Bernardi, « Guerre, État, état de guerre : quand Schmitt lit Rousseau », *Philosophie*, n° 94, 2007, p. 52-65.

caractérise ce que Rousseau appelle les « sociétés modernes » : les souverains s'y comportent en puissances vis-à-vis de leurs peuples qu'ils asservissent, comme vis-à-vis des autres puissances avec lesquelles ils ne peuvent jamais être durablement en paix. Une société légitime serait celle dans laquelle le peuple souverain est à lui-même sa propre autorité et n'aurait de motif de guerre que la défense de sa vie et de sa liberté. Pour autant, la double nature du corps politique porte en elle le risque permanent qu'une logique subvertisse l'autre. De ce point de vue, on est en droit de penser que nos sociétés qui se disent démocratiques versent dans le paradigme de la puissance quand elles s'affirment au détriment des autres, que ce soit ouvertement dans les projets coloniaux ou impériaux, ou qu'elles prétendent, sous couvert de quelque « mission civilisatrice » ou « destinée manifeste », fixer son destin au reste du monde. Ces deux figures ont leur actualité. Mais le risque existe aussi, pour une société qui redoute d'être menacée dans son indépendance, de se représenter à elle-même comme une puissance plutôt que comme un peuple politiquement constitué. N'est-ce pas de cette façon que le nationalisme, en substituant l'idée de souveraineté nationale à celle de souveraineté du peuple, conduit à ce qu'un peuple renonce à sa souveraineté pour se donner des souverains ? C'est ainsi, l'histoire l'a assez montré et le montre encore, que plus d'un peuple a perdu sa liberté en la remettant, au motif de préserver sa puissance contre les puissances étrangères qui la menacent, entre les mains de ceux qui deviennent infailliblement ses maitres.

Autant il est naïf de demander à Rousseau des réponses toutes faites aux questions que nous rencontrons, autant il est fécond de chercher dans sa pensée les moyens de comprendre leurs enjeux et les termes dans lesquels elles se posent à nous. C'est un tel bénéfice que nous pouvons tirer de la lecture des *Principes du droit de la guerre* et de la relecture qu'elle nous permet de faire des *Principes du droit politique*.

TABLE DES MATIÈRES

ÉTUDES

Cet ouvrage a été imprimé
en septembre 2014 par

FIRMIN-DIDOT

27650 Mesnil-sur-l'Estrée
N° d'impression : 123856
Dépôt légal : septembre 2014

Imprimé en France